Apometria e Umbanda

TRILOGIA:
Apometria e Umbanda
RAMATÍS

Apometria e Umbanda

Norberto Peixoto

LEGIÃO
PUBLICAÇÕES

4ª edição / Porto Alegre-RS / 2025

Capa e projeto gráfico: Marco Cena
Revisão: Gaia Revisão Textual
Produção editorial: Bruna Dali e Maitê Cena
Assessoramento gráfico: André Luis Alt

Dados Internacionais de Catalogação na Publicação (CIP)

P379a   Peixoto, Norberto
        Apometria e Umbanda : Ramatís. / Norberto Peixoto. – 4.ed –
    Porto Alegre: BesouroBox, 2025.
        232 p. ; 16 x 23 cm

        ISBN: 978-65-88737-57-6
        Trilogia : Apometria e Umbanda : Ramatís

        1. Religião. 2. Umbanda. 3. Apometria. I. Título.

Bibliotecária responsável Kátia Rosi Possobon CRB10/1782

Direitos de Publicação: © 2025 Edições BesouroBox Ltda.
Copyright © Norberto Peixoto, 2025

Todos os direitos desta edição reservados a
Edições BesouroBox Ltda.
Rua Brito Peixoto, 224 - CEP: 91030-400
Passo D'Areia - Porto Alegre - RS
Fone: (51) 3337.5620
www.legiaopublicacoes.com.br

Impresso no Brasil
Julho de 2025

Sumário

Palavras do médium 7

Prefácio à primeira edição 11
Augusto R. G. Moreira

Prefácio à segunda edição 15
Norberto Peixoto

Preâmbulo de Ramatís 17

Parte 1 – Apometria, "novos" conhecimentos 21

1. Consciência holística 23

2. Unidade cósmica 45

3. Técnica apométrica 59

4. Fenômenos nos grupos de Apometria 89

5. Aparelhos parasitas e magia negra 97

Parte 2 – Mironga de Preta(o) Velha(o) 105

6. Caridade socorrista 107

7. Umbanda à luz do Cosmo 115

8. Magia das ervas e plantas astrais 141

9. Orixás – vibrações cósmicas 149

10. Mecânica de incorporação 173

11. Agentes mágicos (Exus) e seus arcanos 177

Parte 3 – Mediunismo nos grupos de Apometria e Umbanda 195

12. Mediunismo nos grupos de Umbanda e Apometria 197

13. Histórico e objetivos do grupo 215

14. Relato de casos 219

Sugestões de leitura 227

Leia também 229

Palavras do médium

Estamos presenciando um ciclo de intensas mudanças científicas, espirituais, sociais e políticas no Universo que se manifesta aos nossos sentidos. Parece haver um encadeamento factual ao qual percebemos, não entendendo-o integralmente, ao menos por enquanto.

A passagem da Era de Peixes para a Era de Aquário é um momento delicado da humanidade, acompanhado de extraordinárias modificações, que, acima de tudo, se manifesta em nós pela tomada de uma nova consciência coletiva. Um novo referencial arquetípico moldado pelas encarnações sucessivas e pela Lei do Carma, durante os milênios da nossa história espiritual, está se "materializando" num *modus vivendi* na Terra, cada vez mais abrangente.

Intensifica-se o processo de indução vibracional à percepção holística das nossas vidas, que fará parte do "ser e pensar" da Nova Era. Como partícula de um Todo cósmico que se reinsere na unidade universal, somos guindados a um novo estado consciencial, de fraternidade, de solidariedade, tolerância e amor. As diferenças nos motivarão cada vez mais a entender o Cosmo regido pela igualdade do sentimento amoroso que unifica e não separa, como bem demonstrou o Cristo-Jesus na Terra.

Para tornar tangível essa linha de raciocínio aos leitores, além deste pequeno livro, não poderíamos nos esquecer de registrar o apoio de alguns companheiros de jornada, encarnados e desencarnados, pois sem eles não conseguiríamos viabilizar a troca de vivências, fundamental na experimentação mediúnica e, sobremaneira, requerida para abalizar-nos em psicografia.

Quanto aos amigos espirituais que normalmente não se "mostram" aos leitores pela mediunidade psicográfica, os citaremos nominalmente, mesmo sabedores de que certos nomes, pela simples sonoridade, poderão causar espanto em alguns irmãos espiritualistas menos afeitos aos labores de caridade ditos mais universalistas e não dogmáticos, de Apometria e de Umbanda. Seria hipocrisia da nossa parte se fizéssemos ao contrário, visto que esses Espíritos são indispensáveis como retaguarda para o equilíbrio e a firmeza exigidos a um escrevente "solitário", lembrando ainda que o Pai Maior trata todos igualmente. Ao Caboclo Pery, às caboclas Jurema e Iansã Bamburucema, aos pretos velhos Pai Benedito e Pai Quirino, à "criança" Chiquinha, à cigana Sandara, aos guardiões Pingafogo e Bará, às legiões, falanges e aos agrupamentos de todas as linhas vibratórias – Orixás –, exteriorizamos nosso eterno reconhecimento pela enorme cobertura vibratória oferecida, dentro das peculiaridades que caracterizam as tarefas que cada uma dessas entidades desenvolve no Astral e que nos dão guarida.

Evidenciamos que, para a Espiritualidade, as denominações ou formas astrais que as entidades adotam não as diferenciam nas diversas frentes abertas do mediunismo que alenta, socorre e ampara. Ao contrário, as igualam em nome de palavras universais e crísticas de solidariedade e tolerância fraterna, verdadeiramente insubstituíveis em todas as doutrinas, religiões e crenças que conhecemos na Terra, que são: o amor, o perdão e a caridade.

Ainda fazemos menção de respeito e apreço à memória do doutor José Lacerda de Azevedo, que continua labutando incansavelmente no Astral, amparando e curando com a técnica apométrica. Espírito pesquisador, imbuído do ideal crístico de união fraterna, acima das idiossincrasias dos homens, teve a tenacidade que somente os seres de grandes ideais em prol da humanidade demonstraram na Terra. Mesmo sofrendo todas as calúnias e perseguições em nome das purezas doutrinárias – infelizmente, essa situação persiste até os dias de hoje – e após um esforço hercúleo que demonstra a serenidade dos missionários, ele conseguiu nos deixar a Apometria e suas leis.

Ao Grande Arquiteto do Universo, do fundo de nossa alma, agradecemos a oportunidade de sermos aproveitados como canal mediúnico neste momento planetário. Afinal, provavelmente, poderíamos estar desencarnados, perambulando chumbados no umbral inferior, sabedores que somos da enormidade das nossas imperfeições e dos defeitos que devemos possuir, ainda não tendo um discernimento espiritual expandido o suficiente para trazê-los à luz da consciência.

Porto Alegre, 22 de dezembro de 2002.

Norberto Peixoto

Prefácio à primeira edição

Na vida, nada acontece por acaso.

Vínhamos admirando a psicografia do médium Norberto Peixoto, que, pela sua naturalidade, fluidez e fidelidade ao estilo de Ramatís, nos fazia lembrar as obras psicografadas pelo saudoso Hercílio Maes. Nas excelentes obras anteriores a esta, *Chama crística* e *Samadhi*, Norberto Peixoto nos deixou essa nítida impressão, transmitindo-nos as mensagens e os ensinamentos do Mestre oriental de uma maneira clara, leve e prazerosa.

Qual não foi a nossa surpresa quando o médium de Ramatís nos solicitou um "bate-papo" em nossa residência. Nesse encontro, tínhamos a nítida certeza de que já nos conhecíamos de longa data, tal foi a empatia que se estabeleceu entre nós. Completamente à vontade, conversamos bastante sobre Umbanda e Apometria, quando então ele manifestou, para nossa alegria, o seu desejo de participar ativamente, como trabalhador e médium, num dos grupos apométricos da Casa do Jardim de Porto Alegre. Dentro de uma semana tínhamos, então, o privilégio de contar com a colaboração de Norberto no Grupo Xangô.

A Casa do Jardim, célula-mãe da Apometria, originária do Hospital Espírita de Porto Alegre, sob a direção de José Lacerda de Azevedo, médico, espírita convicto, portador de uma cultura enciclopédica, arguto observador, foi a primeira casa espírita a trabalhar, desde os primórdios da técnica apométrica, com as entidades de Umbanda.

Foi com a experiência haurida dos trabalhos mediúnicos nos diversos grupos que Lacerda, com seu espírito sagaz de observador, analisou os fatos e, com o raciocínio científico de que era portador, deduziu as chamadas Leis e Técnicas da Apometria, que vieram a lume pela publicação dos seus livros *Espírito/matéria – novos horizontes para a Medicina* e *Energia/Espírito*, editados em 1985.

Citaremos, para fins elucidativos, o enunciado da Primeira Lei da Apometria:

Lei do desdobramento espiritual – Lei básica

Toda vez que, em situação experimental ou normal, dermos uma ordem mental de comando a qualquer criatura humana, visando à separação do seu corpo espiritual – corpo astral – de seu corpo físico e, ao mesmo tempo, projetarmos sobre ela pulsos energéticos, por meio de uma contagem lenta, dar-se-á o desdobramento completo dessa criatura, conservando ela sua consciência.

Usando a força mental de que todos nós, humanos, somos portadores, sendo ela extremamente criativa, principalmente nos planos extrafísicos, formam-se "campos de força" altamente eficientes para a defesa dos ambientes de "trabalho e para a captura de "irmãos" que ainda estão à "esquerda" do Cristo. Ela disponibiliza também o enorme concentrado de energia zôo de que todos somos portadores, pois é a soma energética das células, moléculas e dos átomos que constituem o nosso corpo físico, que, devidamente transmutada, fornece um imenso manancial de ectoplasma para o Mundo Maior.

Se, antes, a barreira física era um empecilho para o intercâmbio espiritual, com a Apometria essa barreira torna-se um grande depósito de energia a benefício de nossos irmãos do "lado de lá", podendo-se com a sua manipulação transportar "levas" de desencarnados para hospitais, colônias ou outros locais do Astral, mais condizentes com a situação de cada um. Isso, sem citar as possíveis construções de prédios e a regeneração de membros esfacelados, a cura de ferimentos, a desintegração de "aparelhos parasitas" e a desativação de "bases" astralinas etc.

"A árvore se conhece pelos frutos", e a terapêutica apométrica vem se firmando como uma ferramenta a serviço do Cristo, colaborando com o Mundo Espiritual de forma ativa, dinâmica e participativa, no campo fértil da caridade. A Apometria, fundamentada nos princípios doutrinários do Espiritismo, veio dar um impulso vigoroso à mediunidade, tirando-a da passividade clássica, e um novo enfoque interpretativo sobre o animismo, tirando-lhe o estigma de mistificação, compreendendo-se melhor esse grande manancial humano.

A par disso, catapultou o aspecto científico do Espiritismo, tão bem abordado nas obras clássicas de André Luiz e de outros autores. Diz-nos o notável doutrinador e escritor espírita Divaldo Franco, à página 47 de sua obra *Mediunidade – encontro com Divaldo*:

> Allan Kardec não teve tempo de nos ensinar técnicas de concentração, de desdobramentos da personalidade; cuidou da essência da Doutrina e estabeleceu que o futuro se encarregaria de ampliar suas lições; seria, portanto, uma contribuição do Mundo Espiritual e do científico para que, preservando-se as bases essenciais, estejamos atualizando-as e desdobrando-as sem ferir as matrizes doutrinárias, o pensamento da Codificação.

Ramatís, no Preâmbulo da presente obra, confirma-nos que do "lado de lá" não existem religiões, doutrinas, filosofias, crenças ou seitas separatistas. Que as diferenças que ainda "aqui" existem são diluídas por um novo estado consciencial de fraternidade, solidariedade, tolerância e amor. Que as peculiaridades de cada um são respeitadas e aceitas, pois são caminhos que levam até Cristo-Jesus. Diz-nos também que a Apometria, sendo um conhecimento milenar e mais antigo que o homem na Terra, terá sentido como "novo" conhecimento que nos chega com mais "força" nesta Nova Era, se fundindo com os sentimentos amorosos.

Existirá aqui um acaso? Certamente, não!

E a nossa querida Vovó Maria Conga, nesta bela obra, nos inicia nos fundamentos da prática umbandista em socorro aos nossos irmãos necessitados. Ao nos ensinar as suas mirongas* socorristas, explica-nos o significado de Guias, Protetores, congá, pontos riscados, Lei da Pemba e a magia das ervas e plantas medicinais astrais.

Os que refutam a existência da magia negra e dos Espíritos da natureza agora terão uma oportunidade ímpar de conhecer tão controvertidos assuntos, assim como em relação aos incompreendidos Exus. Verificarão que a Umbanda e a Apometria formam uma parceria solidária, não só para socorrer irmãos encarnados e desencarnados, mas contribuindo, e muito, para a higienização das zonas abissais e, com isso, alavancando a evolução do nosso Planeta Azul, a nossa querida Terra-mãe.

Assim, apoiados e irmanados na caridade, incentivados pelo querer servir, todos cresceremos em amor e nos aproximaremos do nosso ideal crístico, que, embora ainda longínquo, nos descortina com maiores possibilidades de concretização, com a consciência de que tal desiderato só fica na dependência da nossa vontade.

Por todas essas singelas apreciações, poderá o leitor deduzir que tem em mãos uma obra realmente oportuna, adequada aos conhecimentos atuais, estimulando-nos à reflexão e a concluir quão sábio foi Ramatís ao nos dizer:

> Rogamos a Oxalá que esta singela obra, *Apometria & Umbanda*, sem cessar o nosso contínuo respeito às consciências, às suas aspirações e aos anseios individuais, seja fator de união entre todos vocês ante a constatação de que, na Espiritualidade universalista, a igualdade nas divergências está no amor.

Será que tudo isso está acontecendo por acaso?

Augusto R. G. Moreira

---

* Mironga – magia, mandinga, feitiço. Na Umbanda, é um termo popular que significa mistério, segredo.

Prefácio à segunda edição

É com grande alegria que esta segunda edição é publicada.

A Apometria, associada à Umbanda, é potente ferramenta de auxílio à humanidade. Os Espíritos benfeitores que zelam pela evolução planetária não estão preocupados com separatividades religiosas, dogmas pétreos, verdades absolutas ou se uma doutrina é melhor do que a outra. Para as Consciências que pairam nos páramos crísticos, importa a ação divina, como luz que clareia a escuridão cega das almas aflitas e verbo que é música celestial aos surdos para a vida imortal. Seja por meio de uma fixação de campo de força piramidal com diversas matizes de cores, seja pelo estalar dos dedos e cânticos devocionais, é o amor que se espraia e reúne esses trabalhadores da última hora. O Pai Velho ao lado do médico judaico-cristão, o Caboclo ombreando com o mestre oriental, os guardiões a postos em diversas dimensões, da vibração mais em baixo até a mais de cima, todos estão irmanados do serviço e desinteressados dos frutos da ação. Como Jesus andarilho nos tempos da Palestina, onde há dor e tormento, lá estão estes abnegados amparadores dos grupos apométricos umbandísticos, em essência universalistas, atuando juntos aos despossuídos de paz de espírito.

Nesta presente edição, resolvi mudar o título para *Apometria & Umbanda*, correlacionando-o com o tema central da obra, assim situando melhor o leitor. O título anterior, *Evolução no Planeta Azul*, por ser genérico, muitas vezes fazia os leitores me indagarem do que se tratava o livro.

Espero que todos utilizem os saberes e as elucidações de Ramatís, descortinados com simplicidade, síntese e ineditismo peculiares da abordagem deste Mestre espiritual, sobre uma temática bastante complexa, com total desinteresse pessoal e sincero impulso interior de ajudar o próximo.

Axé, Saravá, Namastê!
Porto Alegre, 10 de outubro de 2021.

Norberto Peixoto

Preâmbulo de Ramatís

Não há mister que se faça rodeio de palavras para caracterizar esta singela e despretensiosa obra, sem receio de alvoroço nas mentes acomodadas ao já sabido dos compêndios disponíveis. Em todas as ocasiões, respeitamos as consciências em nossos modestos escritos. Se há contrariedades diante de nossos pontos de vista, deve-se exclusivamente à rigidez mental de alguns homens. Move-nos a maleabilidade do ideal crístico de união amorosa entre todos vocês, a qual não exclui reciprocamente valores integrantes de uma verdade maior e que se encontram provisoriamente separados na Terra. A realidade de uma assertiva não autoriza interpretar como falsas as outras afirmativas.

Impõe-se, pelo momento que atravessa a formação da "consciência" planetária, uma abordagem livre de quaisquer amarras doutrinárias das instituições terrícolas, sendo o livre pensamento a tônica da universalidade que se instalará em seus corações. Impreterivelmente, vocês serão reinseridos na comunidade cósmica que é toda amor, sem o império de uma religião, doutrina, filosofia, crença ou seita. Ademais, o aguilhão do ciclo carnal os leva, incondicionalmente, a experienciar as diferenças separatistas criadas por vocês em reencarnações porvindouras. As imposições raivosas ficam intensificadas nas existências físicas e vão se amainando pelo evo dos tempos das encarnações. Poderão verificar *in loco* seus desacertos quando retornarem ao direito de acesso à memória perene de toda a sua existência, condição natural do Espírito imortal.

Esperamos que *Apometria & Umbanda* seja um pequeno facho de luz que se materializa na Terra, sem a pretensão de brilhar, despertando discernimento em prol da fraternidade solidária acima do exclusivismo da verdade e do entusiasmo pela "posse" do legado cristão em que determinadas almas irrequietas se arvoram. Seguimos o plano de execução dos nossos compromissos de há muito, resolvido de comum acordo com os Maiorais sidéreos, e que nos autorizam atuar nesse "pequeno" Planeta Azul. Almejamos um pouco mais de entendimento da mediunidade na Umbanda e na Apometria, assuntos que não esgotamos nos presentes escritos. Continuaremos aprofundando-os por intermédio do atual aparelho mediúnico que ora nos recepciona os pensamentos, estritamente, em favor da cura espiritual e do amor crístico universal, acima dos preconceitos e das separatividades dos homens, tão preocupados que estão com o verbo bem elaborado, com o saber enciclopédico das coisas evangélicas, em dissimuladamente angariar admiradores qual lobos vaidosos em pele de cordeiros abatidos, que se esquecem da maior finalidade da caridade: os consulentes adoentados.

A retórica doutrinária sem a ação individual paralisa a evolução, qual pastor admirando, indeterminadamente, o sermão bem-produzido em frente ao espelho da vida e que se esquece das ovelhas decrépitas e enfermas, perdidas na vastidão do pastoreio, em estado letárgico ante os impositivos ascensionais das leis cósmicas, equânimes e indistintas. A batuta do maestro da orquestra divina alcançará a todos com sua sonoridade de justiça.

O contato direto com os doentes, tão bem exemplificado em Jesus, que esteve junto aos enfermos e molestados de todos os naipes, está atrofiado em determinados corações que se dizem inseridos na lida da seara do Cristo. Ele não só pregou como também vivenciou intensamente o amor ao próximo com suas atitudes e comportamentos corajosos, não se distanciando dos homens simples do povo, e sim encontrando-se algo ausente dos sacerdotes da época. Aos que se mostram simpáticos aos labores de cura, recomendamos que ajam diretamente nos necessitados juntamente com seus mentores, Guias e Protetores, assim como fazia o Divino Mestre com as hostes angélicas.

Neste momento do orbe terrestre, urge que resgatem o alento curativo aos sofredores do corpo e da alma sem intermediários e circunlóquios de excessiva erudição, que somente os distanciam da simplicidade espiritual, insensibilizando a disposição amorosa ao bem do próximo. Fazei pulsar em vocês, por meio desses conhecimentos nascedouros da maternidade do Terceiro Milênio, o Grande Coração do Cosmo, Deus, a essência crística que jaz em todos e é toda amor, estandarte da Fraternidade Universal.

Não poderão negar suas potencialidades psíquicas, recursos válidos para socorrer, curar e liberar os que têm dor e sofrimento. Ao contrário, poderão realizar e contribuir enormemente com os benfeitores espirituais, assimilando os "novos" conhecimentos que chegam até vocês, tornando-os "ativos" e descondicionados dos receios nas lides mediúnicas, o que exigirá maior responsabilidade e maturidade consciencial, como bom aluno que inicia um novo ciclo escolar.

A Apometria, sendo um conhecimento milenar e mais antigo que o homem na Terra, será sentida como "novo" conhecimento que chega com mais "força" nesta Nova Era, fundindo-se com os sentimentos amorosos. Semelhante técnica fornecerá inúmeras oportunidades de experimentação anímica e mediúnica para a ciência comprovar a existência dos mundos paralelos e a procedência cósmica dos Espíritos. Desde fenômenos experimentais observáveis em laboratório aos nefastos aparelhos parasitas e à terrível magia negra, a aplicação do conjunto de procedimentos apométricos abre um vasto território, colaborando com precisão para o entendimento integral do homem enquanto Espírito.

Vovó Maria Conga amplia as elucidações iniciadas no breve elucidário umbandista – *Samadhi* –, respondendo às perguntas com minúcias e exatos conceitos sobre: caridade socorrista; Umbanda à luz do Cosmo; magia das ervas e plantas astrais; Orixás – vibrações cósmicas; mecânica de incorporação; e os agentes mágicos (Exus) e seus arcanos. Unido a esse Espírito amoroso e amigo de muito tempo, são investigados aspectos básicos do mediunismo nos grupos de Umbanda e Apometria, respondendo com Vovó Maria Conga algumas indagações em capítulo à parte – sem termos quaisquer aspirações de considerar tão vasta temática esgotada neste pequeno ensaio introdutório –, breviário sobre os pontos mais "polêmicos": magia do som, pontos cantados e as contagens de pulsos magnéticos; pontos riscados e a criação de campos de forças; agentes mágicos (Exus) e a revitalização dos médiuns; "retenção" e condução de Espíritos sofredores pelas falanges de Ogum e Xangô; as "incorporações" dos Guias e Protetores e o ajustamento da sintonia vibratória; curadores de Oxóssi e o afrouxamento da coesão molecular; o trabalho dos Pretos Velhos e as ressonâncias de vidas passadas como fatores perturbadores na encarnação presente.

Rogamos a Oxalá que esta singela obra, *Apometria & Umbanda*, sem negar o nosso contínuo respeito às consciências, às suas aspirações e aos anseios individuais, seja fator de união fraterna entre todos vocês, ante a constatação maior de que, na Espiritualidade universalista, a igualdade nas divergências está no amor.

Salve o Cristo-Jesus nesta data simbólica!
Porto Alegre, 25 de dezembro de 2002.

Ramatís

Parte 1
Apometria, "novos" conhecimentos

1
Consciência holística

Ramatís responde

As pesquisas sobre os fenômenos da mediunidade e perguntas aos Espíritos, visando a "novos" conhecimentos, devem ser levadas a efeito nos centros espíritas?

Avaliem a obra e a vida de Allan Kardec que encontrarão as respostas. Os fenômenos da mediunidade, para não serem direcionados e, obviamente, não se tornarem sectários e separatistas nas observações inferidas e catalogadas pelas letras dos homens, devem, dentro dos moldes desse Espírito iluminado que um dia conduziu a codificação do Espiritismo libertador, universalista no âmago das obras básicas escritas e na alma do codificador, ser pesquisados não somente nos centros espíritas, mas em todos os locais que lhes mostram, ao senso de observação racional, o intercâmbio entre encarnados e desencarnados.

Com certeza, Kardec, encarnado na atualidade do mundo, estaria pesquisando a mediunidade em amplo escopo para a minuciosa indagação, seja nos rituais xamânicos, nas mentalizações gnósticas, nas canalizações teosóficas, nas lojas rosa-cruzes, entre tantas outras exemplificações, procurando integrar as diversas frentes de averiguações que se apresentam, contudo, sem influenciá-las. Em especial na pátria brasileira, pela riqueza mística do brasileiro, e considerando a índole de pesquisador que conduziu o Espírito personificado em Allan Kardec, não há como desprezar à época presente o movimento de Umbanda e os grupos espiritualistas de Apometria; "novos" e vastíssimos territórios de observação ao ânimo perquiridor e isento que deve nortear suas condutas no campo da observância investigadora do mediunismo.

Observem que na ocasião das experimentações mediúnicas analisadas por Kardec não existiam os centros, a Umbanda e a Apometria, nem os médiuns eram "espíritas", como entendem hoje. Essa diversidade de procedências dos canais com o "lado de cá", na maioria em residências de várias localidades geográficas, diferentes e desconhecidas entre si, foi fundamental para as aferições cotejadas em método científico de comparação que é exigido ao pesquisador.

Ocorre que em muitos centros espíritas atuais há um "receio" de se aprofundar "novas" questões, sendo que formular perguntas aos Espíritos é considerado quase que uma profanação, algo pecaminoso contra o pentateuco kardequiano, o que paradoxalmente contraria o cerne da própria progressividade das coisas do Além na Terra e o Espírito de pesquisa que moveu o insigne Allan Kardec. Em tempos idos, imaginem o Cristo-Jesus temeroso de pregar suas palavras e responder às perguntas que lhe fazia o povo sedento de esclarecimento para não contrariar os sacerdotes das doutrinas e religiões estabelecidas, depois se perguntem se as suas mensagens libertadoras, e que redundaram no seu sublime Evangelho, estariam materializadas na Terra.

Os cientistas verificam a realização de profecias ancestrais e de diversas tradições indígenas, reconhecendo comprovadamente importantes alterações no campo magnético e de frequência da Terra neste início da Era de Aquário. O que pode nos dizer dessa confluência

ciência-esoterismo da atualidade e qual a visão espiritual dos mentores do Espaço sobre este momento de transição planetária que tem gerado insegurança em alguns espiritualistas estudiosos, temendo o profetizado final dos tempos?

Os homens voltam-se aos conhecimentos espiritualistas mais antigos para entenderem espiritualmente o que estão descobrindo e constatando por meios científicos. Como a comunidade que habita a egrégora terrestre está em franco processo de mudança, em que a transladação de Espíritos imorais e despreparados para a vivência amorosa da Era de Aquário está sendo levada a efeito para planetas mais atrasados, ao mesmo tempo que Espíritos com melhor condição moral estão encarnando neste orbe num mesmo influxo magnético cósmico de planetas mais evoluídos que a Terra, ocorre simultaneamente um aumento da frequência vibratória coletiva do planeta, por um mecanismo que podem entender como ressonante. Os cientistas terrícolas comprovam que a "pulsação" da Terra, ou a chamada Ressonância de Schumann*, está aumentando drasticamente, ficando algo estarrecidos por não encontrarem explicações em parâmetros mecanicistas aos quais estão habituados, o que leva uma minoria a voltar-se positivamente para o espiritualismo, o ocultismo e para as questões

---

* As Ressonâncias de Schumann são a frequência de base, ou pulsação da Terra. Essa medida já foi considerada uma constante, tanto que comunicações globais de militares foram desenvolvidas a partir do valor dessa frequência. A Terra se comporta como um enorme circuito elétrico. Existe uma "cavidade" definida pela superfície do planeta e o limite interior da ionosfera de até 55 km. A amplitude da ionosfera, que é uma região altamente ionizada da atmosfera terrestre, de agrupamentos de átomos com falta ou excesso de cargas elétricas negativas, vai até 700 km de altitude. As Ressonâncias de Schumann são ondas eletromagnéticas que existem nessa cavidade de até 55 km da crosta planetária. Como ondas de uma mola, elas não estão presentes o tempo inteiro, e sim têm de ser estimuladas para serem observadas. Elas não são causadas por nada que acontece no interior da Terra, na sua crosta ou no seu núcleo, e os cientistas desconhecem a sua procedência e como são geradas, muito menos os motivos do aumento de frequência que estão verificando. Elas ocorrem em diversas frequências entre 6 e 50 ciclos por segundo, especificamente 7, 8, 14, 20, 26, 33,9 e 45 Hertz, com uma variação diária de 0,5 Hertz. Muitas das pesquisas dos últimos anos, nesse campo, foram conduzidas pela Marinha americana, que investiga frequências extremamente baixas de comunicação com submarinos. Quem desejar maiores informações sobre o assunto, pode buscar o Handbook of Atmospheric Electrodynamies, de Volland (1995). As Ressonâncias de Schumann são abordadas no capítulo 11, escrito por Davis Campbel, do Instituto Geofísico da Universidade do Alaska.

esotéricas das tradições ancestrais da humanidade, muito especialmente as orientais.

As transições planetárias sempre ocorreram em toda a História; eis que a evolução requer movimento ascensional. O que estão verificando é uma intensidade no efeito de transitar, o que denota mudança de Era, compreendendo um ciclo de intensas e sérias modificações, algo que devem perceber sem medos ou excessiva fascinação, que poderá os conduzir a uma fixação exagerada nesse assunto, ante os percalços da vida comum, que devem preponderar. Dentre vocês, há os que se tornaram trombetas vivas do momento apocalíptico, como se o fim do mundo terrificante batesse à porta, fazendo disso uma preocupação utilitarista, ampliando os interesses individuais de salvação à direita do Cristo contra a caridade coletiva que emana do amar ao próximo, como se o Cosmo impusesse pressa na ascensão evolutiva àqueles que ainda não têm em si os valores morais para serem o trigo, e não o joio. Se forem o joio após a separação, continuarão evoluindo normalmente em outro planeta, talvez nem tão mais inóspito e selvagem quanto o que estagiam agora.

Espíritos imortais que são, os céus eternos não lhes impõem excesso de velocidade na autopista que conduz à estação angélica, sob pena de severa multa aos aligeirados que se esquecem das regras do bom trânsito entre irmãos. Certo está que não devem ficar paralisados diante da Nova Era que se avizinha, pois se não há imposição de prazo evolutivo pela Divindade, há de se remover os estacionados indevidamente para o bom fluxo de todos.

Em verdade, podemos dizer que "os tempos esperados são chegados", sendo que não é o mais importante se sabem disso, embora seja relevante esse conhecimento; os critérios de seleção do joio do trigo são a moral e o amor crístico interiorizado, não se relacionando com o saber detalhado da transição planetária em si. Ademais, os simples e pobres de espíritos se encontram mais à vontade para o exercício do perdão e do amor junto aos doentes e despossuídos de intelecto avantajado. A parcela um tanto insegura da coletividade de grande "saber" das coisas da Nova Era deve deixar de espalhar o medo do "fim dos tempos" e se preocupar um pouco menos em credenciar-se a direitistas do Cristo neste momento apocalíptico.

As mudanças que estão sendo verificadas não devem os amedrontar, pois que tal feito demonstraria uma divindade sádica em suas leis de causalidade, o que é uma inverdade. Devem estar preparados para uma Nova Era de Luz que se avizinha. Esse período de transitoriedade vibratória repercute afetando seus padrões de sono, relacionamentos sociais, o biorritmo fisiológico e a percepção do tempo que fica como que mais rápido. Pode haver sintomas como enxaquecas, cansaço, sensações elétricas na coluna, dores no sistema muscular, sinais de gripe e sonhos intensos. Seus corpos físicos sofrerão alterações. O DNA perispirítico dos humanos está sendo modificado num método etérico repercussivo que o levará a ser ampliado para 12 fitas de hélice no corpo somático, ao mesmo tempo que novos corpos astrais, de outros planetas mais adiantados, se preparam para encarnar na Terra. Isso lhes acarretará maior intuição e mais amplas habilidades psíquicas, de telepatia e clarividência, assim como habilidades curativas sem igual na atualidade.

Entendam que o movimento no Plano Astral é cada vez maior e que muito Espíritos maldosos e renitentes estão se rebelando contra todos, num último levante antes de serem encaminhados para outras paragens cósmicas ou reencarnarem compulsoriamente em corpos defeituosos. Isso estabelece enormes demandas astrais, em que os grupos mediúnicos da Terra estão sendo muito solicitados, sendo que as falanges de Espíritos benfeitores, muitas de extraterrestres, estão trabalhando ininterruptamente em resgates nas zonas abismais e nas populações da subcrosta terrestre, demonstrando o amor assistencial do Pai por todos os seus filhos.

Diante dessas considerações, pode nos falar algo sobre o perfil espiritual e evolutivo dos seres encarnados e desencarnados que habitam a Terra?

Pela complexidade da população terrícola e exiguidade do tempo atual, para tão amplo assunto, que foge ao escopo da presente obra e daria facilmente uma outra, e para seu entendimento somente, podem catalogar quatro grandes tipos de habitantes na Terra. O primeiro grupo é composto dos mais belicosos, os "irremediavelmente perdidos". São aqueles para os quais não existem mais esperanças de continuar no orbe terrestre e, inexoravelmente, estão sendo transferidos para outras localidades cósmicas, atrasadas se comparadas com a Terra. Imorais, concupiscentes, egoístas, maldosos ao máximo, estão há milênios reencarnando e recaindo em condicionamentos arraigados de tal maneira que os levam a fracassarem seguidamente, uma vez após outra.

O segundo grande grupo são os passíveis de "salvamento". São aqueles para quem ainda se abrem as portas para que possam continuar sua jornada evolutiva na Terra, nesta Nova Era planetária. Apresentam-se como náufragos, nadando num vasto oceano revolto que os ameaça engolir com as ondas tempestuosas. São os fracos de espírito, os viciados de todas as procedências, os apegados ao sensório prazeroso inferior que o corpo físico pode oferecer, que se esqueceram do Eu Superior e das coisas espirituais.

O terceiro grupo, não tão grande como os dois primeiros, é constituído pelos já "redimidos ou salvos" nas diversas provações na carne. São os que já passaram por todas as provas dolorosas da vida pela imposição da Justiça Divina, que determina que a semeadura seja livre, mas a colheita obrigatória, e saíram vencedores de si próprios, submetendo o ego inferior à vontade do Eu Superior. São os simples de espírito, amorosos e fraternos. Muitos continuarão encarnando na Terra, outros adquiriram o passaporte cósmico que os levará à reinserção como cidadãos do Cosmo, conduzindo-os para outros planetas onde a vida se faz de perene felicidade, em corpos mais evoluídos.

O quarto e último grande grupo é formado pelos Espíritos benfeitores, Guias e Instrutores da humanidade que participam da Grande Fraternidade Universal. Habitam colônias socorristas no Astral, estações interplanetárias extraterrestres, e são cidadãos cósmicos de várias localidades siderais com livre trânsito cósmico.

Os alinhamentos planetários de nosso sistema solar, estando a Terra agora na Era de Aquário, serão aproveitados pela Espiritualidade Maior para a vinda de algum avatar, a fim de conduzir, encarnado, a materialização de novos conhecimentos ou para se desencadear um processo decisivo na mudança de nosso mundo para um mundo de regeneração?

Os Espíritos iluminados, missionários, sempre encarnaram em momentos decisivos da evolução humana, materializando "novos" conhecimentos para a ampliação do saber na Terra, sejam científicos, espirituais ou filosóficos.

Os alinhamentos planetários de sete orbes (Mercúrio, Vênus, Marte, Júpiter e Saturno, considerando o Sol e o satélite Lua como se fossem planetas, em termos vibracionais) propiciam injunções vibratórias e magnéticas favoráveis ao rebaixamento de frequência de entidades de elevadas estirpes siderais. Todavia, a equanimidade das Leis Cósmicas, que não privilegia nenhuma individualidade espiritual, coloca igualitariamente essas situações reencarnacionistas favoráveis a um maior número de Espíritos "comuns", muito distantes dos avatares, e que estão sequiosos do jugo carnal, necessidade evolutiva de uma grande plêiade que aguarda em longa fila de espera do "lado de cá".

As vibrações cósmicas permitem a manifestação das mônadas espirituais nas formas, nas diversas dimensões onde estua a vida no Universo. Elas podem ser denominadas de Orixás e se encontram fortalecidas nessas conjunções astrológicas, pois cada planeta dos mencionados é mais "afim" a um "tipo" de vibração ou Orixá, se fortalecendo nessas ocasiões os "cruzamentos" vibratórios, pelo intenso magnetismo interplanetário existente. É um fator positivo para a encarnação de anjos e avatares. Para seu entendimento, é como se facilitasse a alteração de frequências mais "altas", do Universo imanifesto, para as mais "baixas", direcionando-as ao Universo manifestado.

A mudança de cátedra evolutiva do planeta Terra passa, indubitavelmente, pela moralidade dos terrícolas, que, infelizmente, estão muito aquém de interiorizarem os superiores ensinamentos morais contidos no Evangelho do Cristo, tratado cósmico de ascese espiritual. Logo, não é uma conjunção astrológica – seja de quantos astros forem, embora evento de grande valia vibratória, que determinará uma nova classificação do educandário da escola terrena –, e sim a condição moral e exaltação do Ser Crístico pela coletividade, em total submissão das questões ligadas aos egos individuais. A encarnação de Jesus na Terra e sua "descida" vibratória dos planos angélicos, facilitada por um alinhamento planetário, não tiveram nenhum privilégio, e sim merecimento, fruto do esforço próprio do Messias em galgar a Escada de Jacó, qual cidadão comum que lapidou a pedra bruta do ego inferior em milhares de encarnações, por diversos orbes, chegando ao píncaro do último degrau com o rosto gotejado de suor, mas com o diamante do Eu Crístico polido, plenamente interiorizado, e seguro no cofre eterno do Espírito imortal.

O que é a mente holística?
A ciência terrena está contribuindo concretamente para o descortinamento da "verdade" e das diversas dimensões que os rodeiam na longa caminhada evolutiva. Em experimento de laboratório, chegam os cientistas e homens comuns ao território contíguo de outras realidades dimensionais, confundindo sua lógica tridimensional e alterando completamente a concepção do Universo.

Demonstram que os feixes de luz alcançam aceleração maior do que 300 vezes a velocidade de 300 mil quilômetros por segundo, sendo que um raio luminoso emitido em um ponto qualquer chegará ao local destinado antes de ter iniciado a sua "viagem". Comprovam que o tempo não é linear, qual precisa flecha arremessada por experiente atirador, mas é circular e eterna, como se fosse espécie de infinito holograma, em que ondas de frequências diferentes, superpostas, interferem umas nas outras, sem início e sem fim. É como se comprovasse o princípio ocultista e milenar do ponto: mínimo espaço possível, indefinível na geometria, indivisível, que tem uma posição no espaço sem dimensão, simbolizando o princípio e o nascimento de tudo no Cosmo.

Nesse sentido, a ciência ensejará inestimável contribuição ao discernimento dos homens hodiernos, pois estará livre das amarras religiosas e doutrinárias e em conformidade com a lenta mudança do inconsciente coletivo das terrícolas, decorrência natural das leis cármicas e reencarnacionistas.

Iniciarão este Terceiro Milênio, que inevitavelmente os levará à tolerância e convivência fraterna na atualidade, mais uma vez em análogas situações e experiências que no passado foram motivos de escárnio, ódios e embates sangrentos. Dessa forma, e de acordo com sua capacidade de assimilação, o estado mental e o psiquismo da coletividade terrícola estão se alterando, pois cada vez mais compreenderão que são um todo indivisível e que não poderão ser explicados em partes, dissociados desta unidade maior.

Os homens são componentes de um Todo cósmico, e embora tenham a compreensão das diversas dimensões e dos corpos sutis que os permeiam e fazem parte de vocês, cada vez mais compreenderão de forma holística a vida e a longa jornada ascensional do Espírito. Sendo assim, a tolerância, a fraternidade e a solidariedade serão de senso comum, e as diferenças de opiniões não criarão situações divisionistas e de intolerâncias entre vocês, como as que ainda ocorrem em nome das religiões e religiosidades, das questões políticas e sociais, enfim, do *modus vivendi* de cada cidadão.

A formação da consciência planetária na Era de Aquário, da mente holística da Nova Era, universalista e mística, determinará condutas individuais provindas de um novo modo de ser coletivo. Haverá uma mudança cada vez mais intensa dos arquétipos – ou das imagens psíquicas comuns demarcadas nos cidadãos ao longo das reencarnações e que são "patrimônio" inconsciente de toda a coletividade – corroborada pela ciência, delineando o conjunto comportamental da sociedade terrícola, quais células firmemente mantidas pelo amor crístico em força de coesão inabalável.

Observações do médium

Os experimentos científicos referidos no início desta última resposta foram realizados na Universidade de Princeton, Estados Unidos, e liderados pelo doutor Wang Lijun, pesquisador e professor de Princeton. Ele emitiu um raio de luz na direção de uma câmara preenchida com gás césio, especialmente tratado. Antes que a luz tivesse entrado completamente na câmara, ela já havia cruzado todo o seu destino e viajado ainda por cerca de 18 metros dentro do laboratório. Ou seja, a luz passou a existir em dois lugares ao mesmo tempo: um feixe caminhando para a câmara, enquanto uma parte dele, acelerado, já havia percorrido toda a câmara e saído dela.

Um fenômeno absolutamente incompreensível para nós, porém cientificamente comprovado e várias vezes testado.

Como não poderia deixar de ser, o experimento está provocando controvérsias entre os físicos de partículas. O que mais os incomoda é que, se a luz realmente puder viajar à frente no tempo, ela poderá transportar informação. Caso isso se confirme, estará quebrado um dos pilares mais básicos da Física cartesiana: a da causalidade, que diz que a causa sempre tem de vir antes do efeito. A própria Teoria da Relatividade de Einstein terá de ser revista, pois ela depende, em grande parte, do conceito de que a velocidade da luz é o limite do Universo e não pode ser superada. O doutor Wang confirma: "Nosso pulso luminoso realmente viaja mais rápido que a velocidade da luz. Espero que isso nos proporcione um melhor entendimento da natureza da luz e de como ela se comporta". Essa experiência fascinante impressiona os físicos. Em entrevista ao jornal *Sunday Times*, o físico Raymond Chiao, professor de física na Universidade da Califórnia, Berkeley, que conhece bem o trabalho do doutor Wang, disse estar impressionado com as descobertas: "uma experiência fascinante".

Na Itália, outro grupo de físicos do Conselho Nacional de Pesquisas anunciou estar prestes a romper a barreira da velocidade da luz. Esses pesquisadores afirmam ter conseguido propagar micro-ondas a uma velocidade 25% superior à da luz e que isso pode provar a possibilidade teórica de transmitir informação mais rápido que a luz. Para confirmar essa possibilidade, o *Sunday Times* ouviu o doutor Günter Nimtz, da Universidade de Colônia, na Alemanha, especialista no estudo dos campos. Ele diz concordar com as conclusões dos pesquisadores de que a informação realmente possa ser transportada em velocidades superiores à da luz.

O experimento dos pesquisadores de Princeton é a mais recente e clara constatação de que o mundo físico não funciona de acordo com o que pensamos e sentimos, nem com as convenções da física newtoniana. A ciência moderna está começando a perceber que as partículas subatômicas aparentemente existem em pelo menos dois lugares ao mesmo tempo, sem fazer distinção entre espaço e tempo. Em resumo, estamos diante da possibilidade prática de conseguir explicações científicas sobre temas que até agora se limitavam ao terreno das filosofias, da ficção ou das religiões, como viagens no tempo, telepatia, universos paralelos, existência e imortalidade da alma, dentre muitos outros.

De imediato, as viagens espaciais são profundamente afetadas, pois uma tecnologia baseada em velocidades superiores à da luz permitiria viagens a distâncias imensas num transcorrer de tempo muito pequeno. Também estará aberta a possibilidade de criação de computadores com velocidades de transmissão de informações jamais imaginadas, os chamados computadores quânticos. Alguns experimentos realizados em separado pelo doutor Chiao, da Universidade da Califórnia, Berkeley, ilustram os resultados práticos obtidos em Princeton. Ele demonstrou que, em certas circunstâncias, os fótons (partículas de luz) podem pular entre dois pontos separados por uma barreira em um intervalo de tempo zero, isto é, passam a existir em dois lugares ao mesmo tempo. É claro que as conclusões desses experimentos vão provocar violentos debates na comunidade científica, o que é natural! Cansado de ver esses debates entre cientistas, certa vez o escritor Arthur Clarke comentou: "Primeiro eles dizem que não é nada disso; depois, eles dizem que é inviável na prática; por fim, brigam para provar quem descobriu primeiro".

Ramatís responde

Poderia nos dar maiores detalhes sobre a mudança do inconsciente coletivo? Como isso está alterando nosso psiquismo?

Estão vivenciando um processo intenso de mudança do inconsciente coletivo e o advento da nova consciência planetária. É importante que tenham uma noção das impressões gravadas "abaixo" de seu atual estágio consciencial. É como se sua consciência fosse a casca de uma laranja, composta de vários gomos que não "aparecem" àqueles que apreciam essa fruta saborosa em sua aparência superficial. Cada gotícula do suco de uma laranja seria uma experiência vivificada em uma encarnação anterior, e a laranjeira carregada dessas frutas é um agrupamento de consciências que evoluem num mesmo enfeixamento cármico, sendo a plantação dessas árvores da família das rutáceas, providas de espinhos e flores alvas, uma coletividade consciencial determinada pelo tipo de solo, aeração, umidade, calor, entre outros fatores do plantio, que seriam as injunções das leis de causalidade que regem os movimentos ascensionais. Esses fatores determinarão a qualidade da colheita, mas por si só não garantirão a ausência das pestes e doenças em certas árvores e frutos pelo uso indevido de fertilizantes e da ferramenta do livre-arbítrio à disposição para o uso dos lavradores.

Podem entender o inconsciente como sendo todos os registros de vidas passadas que estão demarcados "fora" da sua área consciente, pois o cérebro físico, não tendo experienciado a anterioridade do Espírito no escafandro carnal, não tem rememoração, embora mantenha predisposições e padrões de comportamentos ressonantes com o pretérito.

No inconsciente coletivo, estão os dados ancestrais do conhecimento e de todas as vivências comuns que marcaram o psiquismo da coletividade. Esse desconhecido, oculto e "inacessível" manancial de experiências milenares, estabelece padrões fora do espaço-tempo como entendem, pois determina praticamente todos os fenômenos psicológicos, inconscientes ou conscientes e interfere na vida mais do que imaginam.

A dificuldade que vocês têm em compreender a amplitude em que o inconsciente individual e coletivo, forjado no psiquismo de profundidade mais longínquo das esferas conscienciais, os afetam diariamente está no fato de que nenhum cérebro físico tem capacidade de armazenar todas as possibilidades de ideação relacionadas com o contínuo evolutivo atemporal, visto que são limitados fisiologicamente. Além disso, fugiria ao sentido de uma existência carnal o acesso irrestrito a todos esses arquivos. Contudo, eles se fazem presentes nas suas disposições e nos impulsos psicológicos que diferenciam vocês uns dos outros. Essas ocorrências do passado, que repercutem vibratoriamente do inconsciente para o consciente, aparecem como ressonâncias, podendo desencadear situações perturbadoras, desequilíbrios e complexos diversos, impondo-se ao Espírito a sua retificação ante as ações imorais e traumatizantes de outrora e que hoje "pedem" ajustes perante as Leis Cósmicas.

Esse inconsciente coletivo está continuamente sendo forjado pelo ferramenteiro do carma, incansável em manipular o fogo do tempo para "moldá-lo" à nova mentalidade planetária. Inevitavelmente, vocês estão caminhando para um "novo" entendimento da Unidade Cósmica que os envolve, e o sentimento religioso que está se firmando cada vez mais os liberará das intolerâncias. Em pequena exemplificação: alguém que foi fiel inquisidor de outrora, mas hoje é destacado orador espiritualista, defensor das reencarnações; os ricos alquimistas hereges de ontem hoje dão consulta para os doentes nos terreiros de Umbanda, num perfeito mecanismo de retorno, visto que esses enfermos "representam" todos aqueles que foram prejudicados pelos rituais de magia utilizados por esses poderosos magos do passado; e assim se resgata o equilíbrio com a Lei e todos evoluem.

Vocês são colocados em situações que os contrariaram intensamente no passado remoto, mas que agora os libertam dos ódios e sectarismos, preparando-os para a convivência fraternal imposta pela Nova Era. Essas decorrências cármicas retificativas num contínuo tempo inexorável, determinado pelo ciclo carnal, reencarnacionista, inquestionavelmente estão os conduzindo a um novo psiquismo em que preponderará a amorosidade. Isso não quer dizer opiniões igualitárias, mas, sim, convivência harmoniosa entre as diferenças, pois os pontos em comum serão mais abrangentes que os divergentes. A igualdade na diversidade está no amor.

Como os mentores da Umbanda, no Espaço – sendo ela um movimento dinâmico e em evolução, inacabado como expressão de mediunismo na Terra –, veem a formação da consciência planetária neste início de Terceiro Milênio e como isso se implementará na Terra?

Não é só a Umbanda que é um movimento dinâmico e em evolução. Tudo no Cosmo evolui em marcha ascensional harmoniosa e progressiva, infinita, desde que só há uma perfeição absoluta e imutável que é Deus.

O movimento umbandista, por não ter uma padronização ritualística, uma codificação doutrinária para os seus usos e costumes nos terreiros e templos, enche mais os olhos apressados dos homens críticos, que o classificam como uma expressão de mediunismo inacabado, menor, para justificar as suas vaidades e seus preconceitos, pois veladamente colocam a religião, doutrina, seita ou culto que praticam como superior ou "terminada", por se basearem em preceitos comuns amplamente aceitos. Ledo engano dos mais afoitos, pois o "terminado", "concluído", ou um conjunto de códigos que não se expande, pode se tornar uma amarra àqueles que anseiam evoluir de acordo com o atual momento planetário, qual nó de marinheiro que não deixa o veleiro seguir a brisa do mar.

Os dogmas e as ortodoxias referenciam um corpo doutrinário, mas quando é exagerado o sentimento de preservação dos seus prosélitos, instala-se o sectarismo. Ao revés do fiel cumprimento de uma doutrina e seus princípios, temos a intransigência a tudo que é "novo", paralisando a progressividade que rege o Cosmo. Ser "novo" não quer dizer que contrarie os fundamentos básicos iniciais. No mais das vezes, amplia-os.

Quanto à formação da consciência planetária, adapta-se às vibrações dos Orixás. A Umbanda terá sete fases, sendo que na atualidade está se encerrando a de Ogum, que se iniciou desde o primeiro momento em que se utilizou o nome "Umbanda" na Terra. As vibrações e as entidades manifestantes desse Orixá ainda preponderam na mecânica de incorporação, sendo a sua principal finalidade a de angariar o máximo de simpatizantes a um culto simples em menor prazo de tempo possível. Foi um período de "soar as trombetas", uma espécie de chamamento a todos. O inconsciente coletivo nessa fase foi muito ligado às demandas da vida, às vitórias diante do ego inferior, à "salvação" para uma vida espiritual mais próspera. Nessa fase, de Ogum, não é possível uma igualdade ou padronização do movimento de Umbanda, ocasionando os muitos rituais que diferem entre si, mas que se igualam na finalidade de abrigar as consciências num mesmo ideal de ligação com a Espiritualidade.

Neste início de Terceiro Milênio, instala-se a predominância vibratória do Orixá Oxóssi. A hoste atual do movimento umbandista será esclarecida em pontos de doutrina, em amplo processo de "novas" informações que fluirão do "lado de cá", cooptado pela Alta Confraria do Astral Superior, responsável pela Umbanda na Terra. Gradativamente, sem traumas e com preservação de todas as consciências na satisfação de seus anseios espirituais, haverá a consolidação e unificação da Umbanda em seus aspectos ritualísticos e doutrinários, livrando-a das excrescências humanas, das alegorias "pesadas" e dos rituais de que só alguns poucos sabem a significação, liberando-a da centralização do poder nos terreiros e templos, do guiismo e da "inconsciência" com que muitos diretores espirituais conduzem seus seguidores.

Há de se afirmar que a Umbanda, desde o seu início, se encontra exatamente de acordo com as consciências terrestres, o que torna esse movimento dinâmico e em constante evolução. Ademais, os "novos" códigos de Umbanda que prevalecerão neste Terceiro Milênio verterão do Alto de diversas fontes, o que é tarefa hercúlea, não se restringindo a um encarnado ou Espírito, e demandará várias encarnações de enviados do "lado de cá" que servirão de ponte com o Astral Superior, para que tal desiderato, o de unificação e depuração da ritualística umbandista, se instale definitivamente na Terra.

Quanto aos desmandos de certos "umbandistas", certo está que a magia, igual à rosa, é para ser apreciada em sua beleza e perfume, e os espinhos, quando não podados, por si só não ferem a não ser a mão dos incautos nas lides do jardim da vida. Por outro lado, os jardineiros da Umbanda na atualidade foram adestrados para o correto manuseio da ferramenta, que está à disposição, situação que não garante a boa colheita, pois a germinação é imprevista se somente uma semente é lançada ao solo arado e adubado. Sendo assim, vários Espíritos "preparados" no Astral pelos Mestres da Umbanda estão reencarnando neste início de Nova Era com a missão precípua de "escrever" e orientar o movimento umbandista.

O que estamos tentando fazer, de acordo com a programática reencarnatória do atual instrumento mediúnico de que nos servimos, e em conformidade com nossos compromissos assumidos de longa data com os Maiorais sidéreos, é trazermos informações ao entendimento geral, destituídas do excesso de alegorias e rituais pesados, que só servem para perpetuar a centralização do conhecimento na mão de alguns poucos.

A terceira fase da formação da consciência planetária, de acordo com a Umbanda, será a do Orixá Xangô. Nessa época, a Justiça universal estará interiorizada na maioria da coletividade terrícola, não havendo mais os desmandos em prol de uma religião, seita ou doutrina entre os homens. As religiões, as ciências, as filosofias e as artes serão consideradas como conhecimento uno e convergentes, provindas do infinito manancial universal que a todos cerca. A realidade do Espírito será de senso comum, e a anterioridade da alma e as vidas sucessivas serão amplamente comprovadas pelos métodos científicos, o que levará a um sentimento de justiça, de respeito, de fraternidade e tolerância entre os humanos. A compreensão da procedência cósmica de cada individualidade será irrefutável.

Na quarta fase, do Orixá Yorimá, o nível evolutivo alcançado pelo inconsciente coletivo trará um grau de maturidade espiritual que catapultará para a libertação definitiva das consciências, livrando-as dos preconceitos, e o amor será perene nos cidadãos místicos e universalistas. A paz, a harmonia interior, o desprendimento das coisas materiais e dos apegos do sensório serão decorrência natural do entendimento da essência espiritual que jaz em cada um. A forma e suas diferenças no Universo manifestado não serão motivo de separatividade. O ser na carne será como lago calmo que deixa ver a chama benfazeja do Espírito, iluminado qual claridade do Sol que traspassa continuamente a profundeza das águas cristalinas.

Nas vibrações do Orixá Yori, acontecerá a quinta fase da Umbanda. Será a consolidação definitiva da fase anterior, de Yorimá. O conhecimento integral será de entendimento comum. A paz, a harmonia e a felicidade da existência instalarão uma nova mentalidade planetária. O egoísmo, a vaidade, os ódios, as disputas e as guerras serão uma nódoa do passado. A consciência planetária estabelecida e sua contrapartida astral criarão disposição a todos para um sentimento único de amor, e as "divisões" políticas, geográficas, econômicas, sociais, religiosas, deixarão de existir, estabelecendo-se na Terra uma espécie de governo compartilhado, como se fosse uma única nação.

Na sexta fase, de Iemanjá, o amor será concretamente um modo de vida, e a Grande Fraternidade Branca Universal se fará ver e ouvir aos sentidos dos terrícolas. As viagens astrais e o contato com extraterrestres serão rotineiros. A mediunidade será ensinada e praticada nas escolas, e a relação com o Divino será prerrogativa individual, interior, sem assombros, medos ou posses exteriores. Não haverá mais os países como compreendem hoje. Serão homens cósmicos, e a Terra estará inserida na comunidade interplanetária, em que o sentimento pátrio será o de cidadão universal.

Na fase do Orixá Oxalá, a Sabedoria Cósmica se fará um estado de consciência coletiva. O amor universal estabelecerá um modo de vida crístico, e o Cristo interno de cada criatura estará desperto e atuante, imanente a toda a humanidade. A Terra terá uma outra classificação sideral, e muitos Espíritos de "longínquas" paragens cósmicas, mais evoluídas, terão condição vibratória de "vivência" na crosta terrestre.

Não haverá mais doenças, e os corpos físicos serão diferentes dos atuais, adaptados à nova condição psíquica dos Espíritos encarnantes. A massa encefálica será maior do que a atual, pois os homens utilizarão a plena capacidade da rede sináptica do cérebro, repercussão somática do grande mentalismo espiritual. Alguns órgãos físicos se atrofiarão e deixarão de existir, em especial os relacionados ao metabolismo dos alimentos, que serão mais pastosos e líquidos, e as refeições serão mais espaçadas, pois não se exigirá energias tão densas como as atuais para a vida de relação. O carnivorismo e os vícios estarão definitivamente extintos.

A regência de Oxalá está prevista para o início do Quarto Milênio na Terra desde o advento do Cristo-Jesus e o seu calvário na cruz.

Observações do médium

Entre as características principais que temos observado no método de Ramatís trabalhar com "seus" médiuns estão as intensas vivências e experimentações mediúnicas. Esse mentor paciencioso sempre nos alerta que "a dilatação psíquica que se impõe aos sensitivos de que se apoia na Terra visa a dar-lhes condições de recepcionar seus pensamentos e deve servir para nortear-lhes o discernimento". Para tanto, se faz de extraordinária relevância o trabalho mediúnico sério e continuado, em localidades terrenas de veio universalista, sendo que a passividade mediúnica na Umbanda ou no grupo de Apometria tem-nos respondido a contento aos anseios nesse sentido.

Orienta-nos que "isso é motivo de segurança para o médium, e o leva a ter opiniões com sustentado embasamento das intuições diretas da alma, que clamam por revelações pessoais como eficaz remédio libertador da fé imposta, dos radicalismos e das 'purezas' doutrinárias que divergem do ideal crístico de união amorosa entre os homens. Claro que essas experiências particulares, das coisas universalistas da Espiritualidade, não devem os distanciar dos mais nobres ideais de caridade, de contato direto com os sofredores, algo que deve vir acompanhado de muito estudo e leitura das obras disponíveis que tratam do mediunismo e da Espiritualidade de um modo geral. Isso os conduzirá a um senso crítico apurado diante das verdades cósmicas, que não estão atreladas a uma única religião, doutrina, filosofia ou crença dos terrícolas, mas em todas ao mesmo tempo nos seus pontos convergentes, ficando as diferenças separatistas por sua única responsabilidade".

Somos advertidos seguidamente de que "o homem esqueceu sua procedência e cidadania cósmica, como uma estrela que se apaga diante da abóbada celeste. Os que estacionaram em suas crenças, no que puderam assimilar de conhecimentos dos compêndios doutrinários, em vez de se transformarem em bases que catapultam aos outros andares da edificação da centelha espiritual na sua construção angélica, tornaram-se um cofre fechado e 'intocável' pela visão estreita que os faz ignorar outras formas de saber e refutam os irmãos das galáxias que também habitam o orbe terrestre. Os relatos de sensitivos são taxados de ficção e exagero de imaginação, por fugirem à cartilha usual das ortodoxias e dogmas da pré-escola em que muitos ainda estagiam".

Há pouco tempo, nos vimos conduzidos em desdobramento clarividente, durante o sono físico, para dentro de uma nave espacial interestelar. Estávamos em uma sala de comando, acompanhado de três seres extraterrestres, em vestimentas prateadas luminosas, muito altos, peles vermelhas cor de tijolo, sem pelos no corpo, sendo que o frontal e a caixa craniana se sobressaíam em relação ao rosto, mas sem deformidade. De acentuados olhos avermelhados, tinham suave semblante, nariz pequeno e boca diminuta. Prenderam-nos a atenção os braços longilíneos com dedos delicados e compridos e a finura dos seus corpos do tórax para baixo, sendo nos foi informado que eles não tinham mais órgãos digestivos como os nossos, pois há muito haviam abandonado os alimentos sólidos, sendo os seus dentes espécies de cartilagens que recobriam a membrana das gengivas.

No centro da sala de comando da espaçonave havia um tipo de triângulo equilátero, suspenso e deitado na horizontal com os lados de frente para nós. Não conseguimos definir o material em nosso vocabulário. Foi-nos dito que era um tipo de plasma em suspensão, usado no que vem a ser pura magia *Aumbandhã*, altamente sensível aos pensamentos, servindo como um condensador das energias do Cosmo. Por intermédio da injunção mental amorosa daqueles seres e da atuação daquele "catalisador plasmático", eles manipulavam o fluido cósmico, obtendo dessa transmutação as mais diversas condensações e formas no plano dimensional que eles normalmente habitam, tais como combustível, alimentação, aparelhos cirúrgicos, transportes, vários tipos de utilitários e veículos, inclusive armamentos de defesa, campos de força e portais interdimensionais que ainda não temos condições de compreender. É como se fossem plataformas para deslocamentos no Universo, algo como túneis interdimensionais, de matéria e antimatéria, encurtadores de distância. Do planeta de que eram procedentes no Cosmo, vinham para o diminuto orbe azul em poucos minutos do nosso tempo.

Aquela "pequena" nave, com aquele condensador ou catalisador plasmático interdimensional, era uma fortaleza médica originária da constelação Cão Maior, de um planeta próximo à estrela Sirius, da mesma localidade sideral da qual Ramatís e vários outros amigos espirituais são originários, desde a época remota da Lemúria e da Atlântida, quando aportaram pela primeira vez na Terra. Naquela época atlante, realizaram experiências genéticas no Astral para que os corpos terrícolas pudessem alojá-los e para que conseguissem suportar as condições inóspitas da geografia e da climatologia. Servem à Grande Fraternidade Branca Universal, plasmando e moldando o infinito reservatório de energia do Cosmo às formas manifestadas na nossa dimensão; ao menos, é o que alcança a nossa precária capacidade de entendimento das tarefas que levam a efeito, de acordo com as conveniências de caridade curadora, inclusive em alguns processos de recomposições cirúrgicas de corpos etéricos e astrais, tratamentos energéticos nos corpos mentais, de engenharia genética e cosmogênese que ainda não estamos preparados para entender.

Para acalentar as nossas dúvidas, nos informaram que existem outras comunidades de seres extraterrestres oriundos de Capela e Orion, sem falar de planetas mais próximos, o que é comum na Terra. Em seguida, solicitaram que nos deitássemos em uma espécie de maca que, repentinamente, apareceu a nossa frente. Feito isso, nos vimos como se fôssemos um holograma. O nosso corpo astral ficou todo multicolorido, formado por milhares de pequenos quadrados, sendo que, a partir dessa visão, pudemos perceber que a tela ou malha holográfica que nos compõe estava com diversos rombos e falhas, como se fosse uma cerca de arame rompida para os intrusos passarem. Logo após, iniciou-se um processo de realinhamento e reconstrução das rupturas dessa nossa malha magnética. Ao final, nos informaram que a rede eletromagnética de proteção refeita nos mantém em integridade e facilita o trabalho dos amigos espirituais que nos assistem quando das incursões socorristas nas zonas de baixa vibração do umbral inferior.

Ao contrário da "nossa" Terra, onde as famílias são impostas por meio das relações de consanguinidade para aproximar Espíritos enredados em liames odiosos, em Sirius cada família é aglutinada por afinidades vibratórias de arrebatado amor; o que acarreta atividades símiles aos seus cidadãos cósmicos, mesmo aos seres de Sirius que se encontram encarnados em corpos densos e "atrasados" de outros planetas, pois, embora ainda trôpegos no entendimento amoroso, jazem em seu inconsciente as "lembranças" desses parentes cósmicos.

Mais recentemente, tivemos um outro contato com esses ancestrais Espíritos extraterrestres, irmãos de Sirius. Estávamos num exercício de expansão projetiva da consciência na Fraternidade Rósea-Luz, em adiantado estágio de relaxamento, sentindo-nos já com a percepção cinestésica alterada – nossos sentidos ficam "fora" do corpo físico –, o que demonstrava que nos encontrávamos com o corpo mental "desacoplado" do complexo físico, etérico e astral. Eis que repentinamente um portal se abriu a nossa frente, bem à altura do chacra frontal, que se encontrava muito quente, e o chacra coronário altamente acelerado – ocasiões em que ficamos com uma espécie de estática no alto da cabeça, a cognição expandida e os pensamentos muito rápidos, como se fôssemos arremessados para uma dimensão espaçotemporal que não conseguimos explicar integralmente, e tais sensibilidades tinham frequências vibratórias de alto giro.

Esse portal que se abriu para a nossa clarividência, em formato circular, mostrava uma imagem em movimento, tal como ocorre numa tela de televisão colorida e de alta resolução. Escutamos uma "voz" retumbando no meio da nossa cabeça como se houvesse um ouvido extrafísico sintonizado num locutor fazendo uma apresentação. Vimos uma cidade de um planeta da constelação de Sirius. Todos os habitantes iguais àqueles da experiência da nave espacial, o que nos dispensa de descrevê-los novamente. As residências, as naves e os veículos automotores tinham condensadores plasmáticos e eram movidos somente pela vontade mental dos seus proprietários, como se cada um tivesse um código de acesso ou frequência específica, como uma impressão digital. Essas manipulações do fluido cósmico universal não causam nenhuma poluição ao meio, não havendo resíduos de nenhuma espécie. É uma geração de energia condensada limpa, ecológica. Um aspecto interessante é que se não houver amor, não se ativam os condensadores plasmáticos, o que confirma que esse sentimento é o verdadeiro combustível que movimenta o Universo.

Todas as edificações eram como cristais, mas prateadas. Esses seres eram extremamente amorosos, e as viagens astrais e interdimensionais são normais entre eles, pois detêm uma avançadíssima tecnologia em todas as ciências que conhecemos, em especial a médica. Foram-nos mostrados os regentes daquele planeta, que fazem parte de um governo maior daquela parte do Universo. São como que energias pulsantes, sem uma forma definida como entendemos, mas que habitam espécies de construções plasmáticas muito sutis, que nos pareceram, numa comparação grosseira, como que feitas de uma gelatina semelhante as mães-d'água (águas-vivas) que encontramos em nossas praias. Tais Seres de Luz – assim são chamados pelos irmãos de Sirius – energéticos nos informaram que ainda necessitam das formas para se relacionarem em coletividade e que esse tipo de matéria gelatinosa, plasmada do fluido cósmico universal, está de acordo com as contexturas dos corpos sutis que eles ocupam.

Foi-nos confirmado que muitos seres provenientes daquela localidade cósmica atuam em estações avançadas na Terra, nos auxiliando há muito tempo na nossa caminhada evolutiva. Vários deles se apropriam de pesadas roupagens astrais, como se fossem escafandristas nas profundidades do oceano, "vestindo-se" como Caboclos, Pretos Velhos, Indianos, Egípcios, Gregos etc. e nos assistem mais de perto, amorosamente, para a nossa evolução.

Quase ao término dessa rica experiência mediúnica, Ramatís apareceu no nosso campo de clarividência como um ser de Sirius, em configuração astral idêntica à desses irmãos e descrita pormenorizadamente no início do nosso relato, ao lado do portal "televisivo", se encontrando na dimensão astral da Terra. Ditou-nos a seguinte mensagem: "Após essa vivência, pode concluir que muitas das verdades cósmicas são embotadas por orgulho e vaidade. Considere a condição de esquecimento que vocês têm de suportar pelas baixas vibrações dos corpos humanos, infligidas aos encarnantes na crosta terrestre de todas as procedências. Mesmo havendo programas de vida planejados criteriosamente na Espiritualidade, engendrados para evitarem equívocos na carne, com toda a cautela dos amigos do Além, recaem os homens em condicionamentos milenares que os levam novamente a serem vítimas de sua própria ignorância e desacertos. Não há pressa no Cosmo, e cada individualidade decaída de endereço planetário, decorrência do endereçamento da imoralidade, determina o tempo de espera à sua reinserção como cidadão cósmico, que o libertará do ciclo carnal em orbes primários e densos. No entanto, as leis que regem a harmonia universal são únicas: a base doutrinária do amor incondicional acima de todas as separatividades e de todos os descaminhos dos terrícolas. O Cosmo é todo amor. Esse é o alicerce unificador dos diversos seres que o 'preenchem', diferentes na forma que separa aos olhares restritos de alguns homens, mas iguais na essência divina que os emana espiritualmente, provinda do inesgotável reservatório crístico que a todos contém e ao mesmo tempo é contido. A ancestralidade divina do Espírito humano os potencializa para voos inimagináveis, irrefutavelmente e tão bem registrada quando Jesus afirmou: 'vós sois deuses; podeis fazer o que faço e muito mais'".

2
Unidade cósmica

Ramatís responde

Sendo de senso comum esse "novo" entendimento da Unidade cósmica, desse Todo que está em nós, o que se dará com as religiões e os sentimentos de religiosidade?

Vocês deixarão de buscar Deus nas coisas exteriores e encontrarão a Divindade no templo interior que está em cada um. A crença na existência de forças sobrenaturais, seja qual for o nome com que as diversas instituições religiosas as denominam, tendo em comum serem criadoras do Universo e da vida manifestada em sua dimensão, deixará de ser imposta por tal ou tal religião, esta ou aquela doutrina, pois a prerrogativa de adoração será individual, de cada cidadão, e não haverá "posse" das verdades ocultas em nome das instituições terrenas. A "obrigatoriedade" de reverência às coisas sagradas, de fé fervorosa, de devoção a um culto ou ritual será uma premissa de menor significação enquanto vinculada aos templos, igrejas, sinagogas, centros, lojas, terreiros, enfim, às associações ou organizações religiosas dos homens, visto que será um estado de consciência coletiva de que todos são partícipes da Unidade cósmica e divina que é Deus, estando em cada um exclusivamente essas potencialidades sublimes e de despertamento crístico.

A fraternidade será a liga que sustentará a tolerância diante das diferenças religiosas, e o amor cimentará a religiosidade dos homens acima das religiões.

As instituições terrenas que abrigam as crenças individuais numa saudável convivência deixarão de existir?

Não, pois serão, antes de tudo, locais de encontros fraternos em que participarão pessoas com ideais ligados à religiosidade. Com a comprovação pela ciência da existência das dimensões paralelas e de mundos habitados por consciências em outras formas de energia e matéria, assim como da preexistência do Espírito e das leis cármicas e reencarnacionistas, as diferenças separativistas das diversas religiões cairão por água quais frágeis castelos de areia levados pelas ondas do mar. Os pontos em comum serão maiores que as diversidades doutrinárias, o que fará diminuir sensivelmente os sectarismos e as imposições dogmáticas, ficando claro a todos que no Cosmo não prepondera uma religião ou doutrina, mas, sim, o amor que a todos acolhe como o bom pastor com as ovelhas desgarradas.

Por que as religiões da atualidade, em especial as do Ocidente, se mostram "frágeis" diante dos questionamentos e das necessidades espirituais da humanidade?

Criou-se uma situação anacrônica que está deixando as religiões sem respostas aos amplos questionamentos dos homens hodiernos. Diante do enorme manancial de informações que jorram de todos os meios, do avanço tecnológico aos novos exames de DNA da ciência terrena, as criaturas se encontram em meio a um tufão de dados, em que a liberdade de expressão em todos os campos faz estabelecer excessiva ansiedade, bem como quadros depressivos, ambos agravados por um anacronismo e pela inexistência de respostas satisfatórias, por parte das religiões instituídas, aos anseios espirituais dos cidadãos terrícolas.

Poderíamos aqui dar muitas respostas. Talvez a mais importante seja que as verdades divinas, tais como as apresentadas pelas religiões no Ocidente, e de certa maneira também pelos instrutores do Oriente, haja vista as constantes guerras por diferenças de religiosidade entre eles, não estão se mantendo à altura do desenvolvimento intelectual da humanidade, do espírito humano.

Quais os motivos que fazem surgir tantos novos cultos, aliados ao interesse cada vez maior por astrologia, numerologia, cabala, rituais xamânicos, magia, entre demais vertentes de conhecimento esotérico e ocultista, que estão "desviando" as pessoas das religiões mais ortodoxas?

Os que buscam realizar os seus anseios espirituais encontram nas religiões instituídas há alguns séculos as mesmas respostas, palavras e ideias, que não mais os satisfazem nas suas necessidades de entendimento racional das coisas místicas, do Além, do Divino. Situação que num mundo dinâmico e repleto de "novas" informações faz com que se sintam qual criança ouvindo história da vovó para bem dormir sem medo do bicho-papão. Isso aliado ao fato de que lhes pedem que creiam sem dúvidas, porém sem os levar a um estado de compreensão que faça despertar a fé com a razão, que alicerça a busca do Divino em bases de serenidade e paz individuais.

Apesar de o maior conhecimento espiritualista, da imortalidade do Espírito, da anterioridade da vida e do ciclo reencarnacionista "aliviarem" muitas de suas perquirições, as consciências que estão se formando neste início do Novo Milênio são mais "arejadas", como se fossem pássaros que guardam seus ninhos em uma árvore da floresta, mas que têm de voar sobre todas para entenderem a geografia da mata que os abriga. Podem inferir que as situações dogmáticas que não estão apropriadas para a mentalidade da Nova Era os incentivam a procurar e a conhecer as outras árvores que oxigenam as verdades divinas.

Ademais, se questionem: se o Cristo-Jesus estivesse encarnado entre vocês, na atualidade, Ele se sentiria à vontade em uma única religião ou doutrina, em igrejas, templos, lojas ou centros, no meio de cerimoniais, pompas, distinções hierárquicas, ou diante dos tribunos espiritualistas de enorme cabedal de conhecimentos, mas que diante da primeira oposição doutrinária se mostram impacientes, intolerantes com as diferenças e "proprietários" da verdade?

As respostas religiosas apresentadas aos homens ao longo dos tempos têm impedido o seu crescimento espiritual. Os pensamentos e as interpretações humanas até os dias hodiernos turvam a chama crística interna em toda a sua potencialidade iluminativa. Os atavismos e as fanáticas ilusões humanas ainda obscurecem o viver crístico, que não requer poderosos e mandatários externos para o despertamento amoroso, que é prerrogativa individual, sendo os "novos" cultos e as vertentes milenares de conhecimentos, esotéricos e ocultistas, somente árvores de uma mesma floresta que é toda amor e compreensão.

Afirmamos que, no mais das vezes, o "desvio" de rumo das religiões e doutrinas excessivamente ortodoxas é necessário para que encontrem as estradas que os satisfaçam no rumo dos anseios espirituais. O fato de se "praticar" uma religião, doutrina ou filosofia não deve obstar o que o Cristo-Jesus admitia e sustentava quando afirmava: "Também tenho ovelhas que não são deste redil".

É cada vez maior no Ocidente o interesse para com as teologias e filosofias orientais. O que pode nos dizer a respeito?

Esse maior interesse é uma consequência natural da busca pela Espiritualidade; o que no Oriente é de muitos milênios, para vocês são somente alguns séculos. Os orientais sempre têm colocado Deus como um ser Imanente, existente no mais fundo de cada ser humano, levando-os a compreender que são partícula desse Todo. Os ocidentais têm mostrado um Deus Transcendente, fora do seu universo pessoal, como mero observador.

Esse "mergulhar" nas filosofias orientalistas dá ênfase a um Deus em todas as coisas e seres e em toda a forma criada no mundo manifestado, pois a imanência a tudo envolve, embora Deus em si seja Imanifesto, fato que ainda não compreendem plenamente. Deus tudo interpenetra, sendo que toda a vida no Cosmo, em suas mais variadas manifestações, Dele provém, como se fosse fragmentos. A relação de cada criatura com Deus lhe é inerente. Os hindus cantam: "Ele está mais próximo que o alento, mais próximo que as mãos e pés"

Essa situação também se prende ao fato de que muitos Espíritos de formação oriental estão encarnados no Ocidente, e os do Ocidente encarnados no Oriente. O racionalismo pragmático do ocidental aprende a ser místico e contemplativo com as coisas divinas. A acomodação do oriental – algo demasiado asceta, menosprezando os embates da vida e seus processos, fundamentada na crença de que as oportunidades de evolução são infinitas e que se perpetuam pelo evo dos tempos e que, por isso, há de se negar a matéria – se vê "sacudida" pela cultura ocidental. Todos evoluem diante da sabedoria das leis cósmicas.

Para o homem simples e comum, os conceitos de planos dimensionais, universos paralelos, corpos sutis, Orixás, Umbanda, Apometria, entre outros, trazidos neste início de Terceiro Milênio, não são excessivamente complexos?

Há uma gradação no acesso aos conhecimentos ocultos e metafísicos. Ocorre que eles têm que andar de mãos dadas com a ciência, que neste milênio "imporá" aos homens muitas verdades negadas pelos espiritualistas mais "conservadores" ao longo dos tempos. Novos prismas do saber estão chegando a vocês, em especial os relacionados com as funções e finalidades de algumas áreas cerebrais, quais a inteligência, a memória e os sentimentos. Assim se confirma que essas "faculdades" não se encontram restritas a um local específico da massa cerebral, mas, sim, estão distribuídas por todo o órgão, cada parte possuindo o conjunto que pode expressar, sendo espécie de holograma mental, logo, não físico. A ciência mostra que não existe uma contrapartida no órgão cerebral para a inteligência, a memória e os sentimentos, levando-os a concluir por algo extrafísico. Desse modo, inexoravelmente, ocorrerá com as dimensões paralelas, as ondas de frequências superpostas, os planos dimensionais em diferenças de densidade e outras formas de energias "imateriais", entre vários exemplos atuais.

Devem estar sintonizados com a realidade que os cerca. O "excessivamente complexo" não deve inibir os homens simples e comuns, na maioria amorosos, e sim incentivá-los a buscar o entendimento das questões espirituais. Certo está que não há nenhum constrangimento no acesso a esses "novos" conhecimentos. Devem realizar seus anseios de conformidade com a capacidade de compreensão inerente às conquistas da individualidade imortal que ressoa em vocês, do inconsciente para o consciente, em forma de disposições, impulsos e talentos naturais, não contrariando seu modo de ser. A liberdade nos dias hodiernos libera os homens comuns e simples das imposições dos avantajados em conhecimento, que por si não significa sabedoria.

As "doutrinas" que pregam experiências espirituais com beberagem de ervas são um meio válido de adquirir novas experiências e conhecimentos?

Há de se distinguir os rituais religiosos realizados com veneração e respeito para com as coisas do Além-túmulo e do Plano Astral, em que acatam com deferência respeitosa as "doutrinas" de todas as tribos e procedências culturais que já estiveram e estão estabelecidas na Terra, de alguns homens que se arvoram em procurar as respostas às suas curiosidades espirituais, fugazes e imediatas, destituídas de quaisquer reverências respeitosas, imbuídos que estão de ideais egoísticos. Nesse sentido, as substâncias do herbanário xamânico e indígena das várias localidades planetárias, originalmente utilizadas em rituais tribais, estão algo distorcidas pela ansiedade dos homens hodiernos na busca do sensório nas lides espirituais. Por si sós, nas dosagens manipuladas pelos xamãs e pajés de todas as épocas, são inofensivas e instrumentos válidos no contexto espiritual que as utiliza para fins exclusivamente curativos, restritas aos "sacerdotes" desses rituais, que têm as atribuições mediúnicas de se comunicarem com as diversas potências vibratórias do Cosmo, inclusive Espíritos de animais. O restante da coletividade tribal era assistido por esses médiuns, preparados por anos e anos pelos caciques curandeiros, e não participava diretamente da beberagem ritualística das ervas.

Em alguns cultos, que propositadamente aos leigos são ditos de Umbanda, passa-se a noção de que os Orixás são senhores do nosso

destino, mas em outras linhas de pensamento espiritualista, aprendemos que, pouco a pouco, devemos nos tornar senhores de nós mesmos, no sentido de termos mais responsabilidade com nossos pensamentos e ações. Isso é correto?

Não devem classificar como correto ou incorreto, pois quando assim procedem, tendem a considerar sua doutrina, crença ou religião melhor, superior ou mais verdadeira que as demais. Considerem que as interpretações divinas estão de acordo com os grupos conscienciais que se aglutinam em volta de uma determinada crença ou conjunto doutrinário, portanto, os anseios espirituais dos prosélitos são realizados de acordo com a sua capacidade de entendimento, que, por sua vez, determina o tipo de linguagem utilizada na comunicação. Quantos de vocês são conduzidos em seus destinos sem saberem? As normas da empresa que os remunera, a legislação de trânsito, os códigos penal, civil e comercial, a massiva e intensa mídia televisiva que os robotiza, citando alguns exemplos diários da vida que não podem escolher, ao contrário da sua fé.

Na atualidade, os homens vão aonde encontram o melhor adubo para as suas almas, e os arames farpados dos senhores da verdade não cerceiam mais o ir e vir na busca da divindade, anulados que se encontram pela liberdade de expressão de cada cidadão. Por outro lado, os campos verdejantes são vastos, mas nem todos estão preparados, pela grande diversidade evolutiva dos terrícolas, para terem a responsabilidade por seus destinos em si mesmos, de responderem pelos seus atos e por suas ações para a ascese espiritual. Requerem, como crianças repetentes que estão sendo mais uma vez alfabetizadas, que a professora os pegue pela mão e os ensine nos primeiros traçados das letras, sob ameaça de severos deveres de casa para apresentarem no dia seguinte.

Como podem alardear aos leigos, em nome de uma crença, entidades espirituais que se afirmam senhores dos homens? Além do que, muitas vezes, apresentam demonstrações de emoções primitivas, materiais, como a vingança, as ameaças, a imposição do medo. Essa classe de Espíritos poderia ser senhora das nossas vidas, se eles próprios demonstram ter emoções bem humanas?

Deixemos claro que os Orixás não são Espíritos, não encarnam e não têm os sentimentos e as emoções dos homens. Para os homens comuns entenderem essas vibrações cósmicas, associaram-nos a conjuntos arquetipais humanos, facilitando a compreensão do que sejam, já que o tema é bastante abstrato. Essas interpretações originalmente fizeram parte do panteão africanista, eminentemente oral na transmissão dos conhecimentos, o que esteve de acordo com as consciências em vários momentos da História. Infelizmente, ainda hoje se fazem entender os Orixás dessa forma humanizada, mais em aspectos negativos, para causar devoção, medo e assim obterem respeito. Se isso ainda ocorre em vários locais terrenos, é porque os encarnados precisam dessa "leitura" antropomorfa, que, nesse caso, mostra-se incompleta, pois é semelhante aos homens somente em seus defeitos, e nada em suas qualidades divinas, também existentes em todos vocês.

Aguardem o tempo, que é fiel e incansável professor das almas no educandário cósmico dos seres em ascensão eterna. A Perfeição Absoluta é única, Deus, por isso sempre haverá muitos degraus à frente da caminhada de qualquer um. Sendo assim, estendamos as mãos no amor para com todos os irmãos de jornada.

Vemos muitas pessoas "incomodadas", buscando respostas para as suas perguntas em diferentes doutrinas, cultos, seitas, religiões e filosofias. Para alguns, isso é contraditório. O que poderia dizer aos companheiros que têm esse tipo de curiosidade espiritual?

Continuem buscando realizar os anseios que os "incomodam". Quem pergunta tem sede de saber, e o ato de buscar essa saciedade em mais de uma vertente demonstra a infinita sabedoria divina que não colocou todas as respostas numa única doutrina, culto, seita, religião ou filosofia da Terra, situação que ainda fomenta as diferenças separatistas, necessárias ao aprendizado da tolerância e fraternidade, mas que tendem a desaparecer no futuro de igualdades que unificam no sentimento amoroso.

A água que saciará espiritualmente a sede dos homens, seres integrais no Cosmo, verte de diversas fontes, lembrando que há um movimento de convergência na coletividade planetária entre ciência, religião e filosofia, irreversível nesta Era de Aquário.

Esses "novos" conhecimentos são necessários para a compreensão de que somos seres multidimensionais ou só servem para fortalecer o intelecto de alguns nas lides espiritualistas?

O intelecto avantajado, quando estão encarnados, é uma conquista do Espírito na sua caminhada existencial e demonstra "dilatação" mental. Nas situações em que é necessário lidar com as questões metafísicas, isso facilitará o entendimento. Se entendem o fortalecimento intelectual pela aquisição de "novos" conhecimentos como manifestação vaidosa, das intermináveis e áridas elucubrações que no fundo são para demonstrar quem mais sabe, turvando os sentimentos amorosos, simples em essência, tomem precaução; tal interpretação denota equívoco, pois o envaidecimento não se sujeita ao saber, embora possa dele auferir elogios incentivadores. O conhecimento é um dos alicerces evolutivos que fará reluzir qual pepita de ouro o discernimento, mas associado ao amor, como se fosse perfeito amálgama que constitui a verdadeira sabedoria espiritual.

Por que a Apometria? Muitos a consideram uma técnica complicada, difícil, servindo para alimentar a vaidade daqueles que têm instrução vasta e variada das coisas da ciência e do Espírito. O que nos diz?

Assim como o conhecimento pode ser ferramenta da vaidade para alguns, um impulso psicológico que flui dos Espíritos presos ao ego inferior também é a repulsa de muitos diante do "novo", pelo receio desmesurado de se verem sem a "posse" do conhecimento atual, como se fosse raro cristal guardado a sete chaves em armário intocável para a maioria.

O livre-pensador do Terceiro Milênio "tudo" vê, questiona, estuda e submete ao crivo da razão, sem receios e sem sectarismos. Os espiritualistas, em geral, deverão dar um passo adiante nos estudos dos postulados básicos das doutrinas que professam. Não bastam somente congressos, seminários, simpósios e palestras que retumbam num mesmo diapasão, em que qualquer nota musical diferente ao ouvido, acostumado a uma mesma melodia, é rechaçada prontamente. A sinfonia cósmica é feita de todos os acordes em harmonia. Há de se rever as atividades separatistas para que se estabeleçam esforços, a fim de desenvolver o ponto central do ofício espiritual, que são as ações redentoras das almas em nome do amor que unifica a todos, que não tem procedência nas religiões ou doutrinas dos homens, pois provém do inesgotável manancial cósmico, crístico, ficando as diferenças doutrinárias em segundo plano.

Repetindo-nos: os homens não poderão negar suas potencialidades psíquicas, recursos válidos para socorrer, curar e liberar as consciências do aguilhão da dor e do sofrimento, mantendo indefinidamente os Espíritos desencarnados como mentores que "tudo" fazem e resolvem, numa atitude de passividade temerosa com as coisas do Além. Essa dependência exagerada é um condicionamento milenar das religiões punitivas de outrora que ainda repercutem no psiquismo das atuais personalidades encarnadas.

As incompreensões quanto à Apometria são frutos mais dos homens "fundamentalistas" e "ortodoxos" do que da sua "complexidade". Ademais, a progressividade que requerem os trabalhos com o Além está de acordo com seu atual estado consciencial, e o "novo" é descartado muito mais pelas idiossincrasias, pelos personalismos de certos dirigentes, que alegam "regulamentos" doutrinários, que este ou aquele mentor desautoriza, quais crianças diante da primeira professora, do que pela Espiritualidade Superior e seus precursores iluminados ao longo da história dos homens, como o foram Allan Kardec, Buda, Krishna, Jesus, entre outros.

Ficamos confusos. Poderia nos dar maiores detalhes diante de desta afirmativa: "Apometria é um conhecimento milenar e mais antigo que o homem na Terra"?

Essas técnicas magnéticas separatórias dos corpos mediadores e de criação de campos de forças, hodiernamente classificadas como anímico-mediúnicas, sempre foram utilizadas pela Espiritualidade, em toda a História terrena. Desde Atlântida e do antigo Egito já eram do conhecimento dos iniciados, magos brancos, no interior dos templos. Os sacerdotes, em rituais próprios, executavam operações magnéticas de extrema delicadeza, despolarizando as cargas positivas e negativas que mantinham a união dos corpos mediadores, e com cantos e mantras, estalar de dedos ou suave bater de palmas, induziam os discípulos aos transes mediúnicos, desprendendo-os em corpo astral ou mental, excursionando ao mundo extrafísico que palpitava em volta, em relatos verídicos clarividentes. Os Guias espirituais desencarnados acompanhavam os discípulos nas viagens às regiões adredemente escolhidas, auxiliando na cura dos enfermos e complementando a educação e os conhecimentos em outra dimensão espaçotemporal.

A magia que fundamenta e ampara as leis apométricas foi e é a mesma de todas as épocas, pois o infinito manancial cósmico de energia, causa primária de toda a harmonia do Universo, é imutável. O acesso amplo a esses conhecimentos é que obedece a uma gradação prevista pelo Alto, coerente com essas consciências. Uma das bases principais da Apometria é a Física. Ora, a "sua" equação matemática que mensura a matéria e suas variáveis para determinação do que sejam a massa de elétron, a Constante Universal de Planck, a frequência do raio gama e a velocidade da luz sempre existiram, bem como a infinita energia que "ocupa" o Espaço em sua imensidão de faixas vibratórias e se encontra disponível à mente educada e de conformidade com seu degrau evolutivo, pois não podem entender e movimentar aquilo que ainda não está em vocês.

Seguindo esse raciocínio, afirmamos que era a comunidade terrícola que ainda não tinha conquistado o direito a esses conhecimentos, até o século XX, assim como ocorreu com a lei gravitacional, a codificação do genoma humano, os processos organogenéticos e de embriogênese, entre tantos outros exemplos que reforçam essa realidade, que é só uma faceta do grande depósito de conhecimentos que estão aos poucos chegando e sendo "decodificados".

Afinal, o que é Apometria aos seus "olhos"?

A Apometria é uma técnica que permite com razoável facilidade a um grupo de médiuns treinados a indução para estados de desdobramento dos corpos mediadores; em especial o etérico, o astral e o mental. É também importante ferramenta de criação de campos de força. Não basta somente o conhecimento da técnica em si, mas é fundamental a egrégora*

---

* Egrégora – "São aglomerados de moléculas do Plano Astral, que tomam forma quando são criadas pelo pensamento nítido e constante de uma pessoa ou de um grupo de pessoas, que se forma durante os trabalhos, pois é proveniente de cada elo da corrente a sustentação mental para que o "lado de cá" possa agir em padrões vibracionais que normalmente exigiriam grande dispêndio de energia e esforço das falanges socorristas que dão apoio a esses trabalhos de cura desobsessivos.

Quais seriam as principais utilidades da Apometria para os benfeitores espirituais?

Os médiuns, estando desdobrados e participando conscientemente dos trabalhos de cura, tornam-se valiosos instrumentos para o "lado de cá". O ato volitivo do medianeiro, quando dissociado em seus corpos, como se afrouxássemos o magnetismo que mantém os seus corpos astrais acoplados ao complexo físico e etérico, faz desse ato que dispara os pensamentos um gerador ativado que fornece abundante energia animal, fundamental quando utilizada em prol da assistência de desencarnados e

---

e passam a 'viver' magnetizadas por essas mentes. Tais criações podem apresentar vários tipos: 'anjos de guarda' ou 'protetores', quando fortemente mentalizados pelas mães para a custódia de seus filhos, e sua ação será benéfica; podem servir de perseguidores, obsessores, atormentadores, quando criado por mentes doentias; podem ser formas que se agregam à própria criatura que as cria mentalmente e as alimenta magneticamente. Têm capacidade de resistir, para não se deixar destruir pelo pensamento contrário. São comuns esses agregados ao redor das criaturas, obra puramente do poder mental sobre o astral. Assim, são vistas formas mentais de ambições de ouro, de desregramento sexual, de gula, de inveja, de secura por bebidas alcoólicas etc. Essas aglomerações, quando criadas e mantidas por magnetização forte e prolongada de numerosas pessoas (por vezes, durante séculos e milênios), assumem também proporções gigantescas, com poder atuante quase irresistível. Denomina-se, então, um egrégoro. E quase todos os grupos religiosos o possuem; alguns pequenos, outros maiores, e às vezes tão vasto que, como no caso da Igreja Católica de Roma, estende sua atuação em redor de quase todo o planeta, sendo visto como uma extensa nuvem multicor, pois apresenta regiões em lindíssimo dourado brilhante, outras em prateado, embora em certos pontos haja sombreado escuro, de tonalidade marrom-terrosa e cinzenta. Isso depende dos grupos que se elevam misticamente e com sinceridade, e de outros que interferem, com pensamento de baixo teor (inveja, ódio de outras denominações religiosas, ambições desmedidas de lucro etc.). Há também as egrégoras de grupamentos outros, como de raça, de pátria etc. Funcionam quase como uma 'bateria de acumuladores que são alimentados pelas mentes que os cria', como escreveu Leadbeater [...]. Logicamente, quanto mais forte a criação e a alimentação, mais poderoso e atuante se torna esse ser 'artificial', muitas vezes cruel com seu próprio criador, pois não possui discernimento do bem ou do mal e age automaticamente com a finalidade para que existe" (Pastorino, 1973, p. 183-183).

encarnados enfermiços. Dessa forma, permite-nos atuar com mais desenvoltura em frequências vibratórias mais afins com seus fluidos e vibrações, o que se coaduna com o estado geral dos assistidos nesses trabalhos, Espíritos densificados na matéria e perturbados, com transtornos dos mais variados sintomas.

Ademais, os médiuns videntes desdobrados, que assistem o atendimento ao paciente, também desprendido, todos no Plano Astral, relatam o que está ocorrendo aos demais medianeiros, criando egrégora mental coletiva muito importante para as canalizações das energias manipuladas, havendo maior eficácia nessas manipulações e que repercutirão positivamente no corpo somático dos atendidos pela força centrípeta do corpo astral, advindo desse fato os precisos diagnósticos, as cirurgias e curas nos grupos apométricos.

Existem "vantagens" da técnica apométrica se comparada a outras atividades espiritualistas de cura e desobsessão?

Não se trata de mais vantagens. Onde há o amor e a caridade desinteressada, a assistência benfeitora sempre se faz presente. Embora a dinâmica da Apometria seja um bálsamo abençoado que alenta os sofredores das mais diversas procedências, não devem se sentirem superiores nas suas lides com o Além. A dilatada abrangência da técnica apométrica e as precisas diagnoses espirituais realizadas nos mais complexos casos não dispensam, para a obtenção da cura espiritual, o merecimento individual daqueles que procuram seus serviços de caridade. Nada mais do que injunção das leis de harmonia que regem o Cosmo; do contrário, cairão na azáfama dos milagreiros, que a tudo resolvem e fazem, quais pregadores em praças públicas.

Por outro lado, o visível aos seus olhos e a sua participação mais ativa nas lides com o Além não os colocam em situação mais vantajosa diante de outras atividades espiritualistas de cura e desobsessão, pois, quando o merecimento da cura se impõe, é comum buscarmos os medianeiros no sono físico e atuarmos em grupo de desencarnados e encarnados desdobrados nos hospitais do Astral, ocorrências que são rotineiras e não se prendem às doutrinas e crenças terrenas, de tal feita que se todos os médiuns solicitados tivessem rememoração posterior desses trabalhos, ficariam estarrecidos com a regularidade e o universalismo com que eles acontecem.

Imbuídos dos ideais de amor e caridade, que não têm religião e não se limitam a acanhada compreensão do sentimento crístico que prepondera no Cosmo, juntamos nessas viagens astrais médiuns xamãs, projeciologistas, iogues, umbandistas, esotéricos, católicos, espíritas, entre outras denominações, em grupos afins para o amparo e as curas.

3
Técnica apométrica

Ramatís responde

Diante da constatação de que os Espíritos conseguem realizar as curas e cirurgias astrais sem o concurso de médiuns desdobrados pela técnica apométrica, não se torna dispensável a imposição magnética para o desdobramento nos grupos de Apometria?

Não devem desprezar o transporte automotivo ou a bicicleta que os conduzem em curtas distâncias diante das modernas aeronaves que os levam para outros países e continentes em poucas horas. Tendem disposição de refutar o "novo", que sacode a poeira das mentes acomodadas aos anos de estudos de uma única vertente do conhecimento, fato que pode os levar a ficar cristalizados naquilo que sabem, caindo nos comportamentos sectaristas tão dispensáveis no atual momento planetário. A constatação de que os Espíritos conseguem realizar as curas e cirurgias astrais sem o concurso das técnicas apométricas deve fazer com que vocês façam o exercício continuado da humildade, para não se sentirem demasiado importantes para com os confrades de outras lides espiritualistas.

O que é a energia zôo?

É a energia animal. Originalmente, provém da energia cósmica, como tudo no Universo, e está condensada nos átomos e moléculas que mantêm o corpo físico na atual dimensão terrestre. Essa energia animal é imprescindível para todos os trabalhos socorristas, pois os Espíritos não têm ectoplasma, que é uma variação específica dos fluidos animalizados.

Poderia dar-nos maiores detalhes quanto à criação de campos de força? Qual a finalidade?

Vocês são circundados por energias no infinito manancial cósmico que está à disposição. O pensamento é atributo de todos os Espíritos. Esquecem-se muito facilmente que o fato de se encontrarem retidos num escafandro grosseiro, pesado, que é o invólucro carnal, o plano físico, não delimita sua potencialidade criadora, pois o Eu Sou, que é o Espírito imortal, continua latente em vocês. Nesse sentido, podem movimentar as forças e energias cósmicas, como se fossem Espíritos livres no Cosmo. Sendo assim, a técnica apométrica propicia aos operadores treinados enormes possibilidades de movimentação dessas forças, por meio da criação de campos específicos. Os impulsos energéticos propiciados pelas contagens e formados pela egrégora mental criam na dimensão etérica e astral poderosos campos de forças de natureza magnética, com grande capacidade de detenção e interferência quando se trata de Espíritos sofredores e excessivamente animalizados ou para higienização astralina dos ambientes de trabalho. A região espacial que se tem por alvo pode ser envolvida em campo de força piramidal, cilíndrico, triangular, cones, esferas, em frequências e densidades específicas.

Para nosso melhor entendimento, quais situações exigiriam grandes dispêndios de energias das falanges socorristas e que são "supridas" pelos grupos de Apometria?

Todos os planos vibratórios que os circundam são energias e frequências atuando em densidades diferentes. As falanges socorristas obtêm maior "eficácia" em suas movimentações nos grupos moralizados, em que o amor crístico é a base dos seus ideais de caridade. Nos casos obsessivos mais complexos, em que a magia negra atua por meio de formas-pensamento altamente deletérias, bolsões de Espíritos sofredores são "imantados" nos campos energéticos dos alvos visados em troca dos despachos pagos dos mais variados tipos e finalidades, caracterizando forte influenciação de campos magnéticos negativos e destruidores que se agravam sobremaneira com fixação de aparelhos parasitas no sistema nervoso etérico e com instrumentos para provocar doenças as mais variadas. Nesses casos em especial, geralmente de encarnado em desequilíbrio com ressonância de vidas passadas e que envolvem processos de magia negra, os grupos apométricos, com suas técnicas, se mostram valiosos instrumentos de trabalho para a Espiritualidade.

Não é mais recomendado pelo Evangelho do Cristo esse tipo de trabalho na mesa mediúnica, "método mais seguro e convencional"? E se criarmos um campo de força e desrespeitarmos o livre-arbítrio? Isso não pode ocorrer?

O Evangelho do Cristo, tratado cósmico de ascese espiritual, recomenda "amar o próximo como a si mesmo" e o perdão incondicional das ofensas. A aplicação dessas recomendações é universal: podem ser aplicadas na mesa, no terreiro, nas lojas e nos templos os mais diversos, onde a mediunidade é ferramenta de trabalho. Na verdade, Jesus sempre pregou o Evangelho livre das amarras dos homens de antanho, nos locais em que a assistência crística se fazia necessária, junto ao povo necessitado e tosco. Nesse sentido, afirmava: "A mim foi dado todo o poder do Céu e da Terra. E, assim como meu Pai me enviou, eu vos envio. Ide! Proclamai o Reino de Deus a todas as criaturas; expulsai os maus Espíritos, curai todas as enfermidades que há entre o povo; e eis que estou convosco todos os dias até a consumação dos séculos". Logo, é possível concluir que a segurança não está no "convencional" aos olhos terrenos, e sim na interiorização dos postulados crísticos que independe da denominação terrena que localiza os homens em seus ideais.

Quando a caridade é impulsionada pelos verdadeiros ideais de amor ditados pelo Divino Mestre, que a todos atendia, o maior desrespeito ao livre-arbítrio alheio se dá nos momentos em que vocês têm as condições e os conhecimentos disponíveis para desideratos mais ativos nas lides com o Além, mas recuam de prestar o auxílio àqueles que procuram sofregamente a cura para os males que os afligem.

É verdade que a Apometria não promove a reforma íntima?
A alegação de que na Apometria não é observada a continuidade de atendimentos que promovam a reforma íntima não é verídica. Qualquer atendimento espiritual na face do orbe terrícola, seja de que filosofia, religião ou doutrina estiver se falando, não dispensa a mudança interior e a elevação moral como método seguro de cura definitiva. Claro está que os ensinamentos do Cristo são a mola propulsora que mais adiante catapulta o homem ao Eu Superior e para uma vida mais feliz na Terra.

O que pode nos dizer sobre os confrades que afirmam que Apometria não é espiritismo?
A Apometria também é espiritismo na concepção kardequiana, e o grupo apométrico tem assistência da Espiritualidade e convive plenamente, de forma harmoniosa, com os demais trabalhos de caridade.

Infelizmente, falta muito ainda ao homem terrícola para despertar em si os verdadeiros valores morais de tolerância, fraternidade, universalismo e humildade intelectual preconizados pelo Cristo-Jesus no seu sublime Evangelho. Desprezar os conhecimentos milenares dos antigos ou os novos que chegam é cair num modelo de exclusão determinista e de estagnação, que contraria a progressividade que deve nortear a consciência dos homens no orbe terrícola. Vocês não devem estar dissociados da realidade que os cerca, qual peça rara intocável ou bom samaritano recolhido em convento religioso isolado da realidade.

O que é acoplamento dos corpos ou acoplamento espiritual?
Podem entender por acoplamento espiritual a perfeita junção de todos os corpos sutis que os compõem: átmico, búdico, mental superior,

mental inferior, astral, etérico e físico. Tratando-se de frequências vibratórias diferentes, da mais alta para a mais baixa, se encontram interpostos, um dentro do outro, como se estivessem em mesmo espaço da dimensão física, mas ao mesmo tempo subjacentes e sem se chocarem. Vocês têm em mente que as polaridades da Física Cósmica são contrárias às do plano de manifestação: positivo atrai positivo e negativo atrai negativo, pois as afinidades também interferem no magnetismo do Além-túmulo. Quando precisamos dissociar esses corpos sutis, agimos "soltando" as cargas contrárias, positivas e negativas, que acoplam o complexo físico, etérico e astral e que imantam os demais corpos sutis. É como se invertêssemos as polaridades, soltando um ímã do outro, ocorrência que é intensificada pelas contagens de pulsos magnéticos de dirigente apométrico adestrado mentalmente.

O que significa o médium estar "desacoplado"?
Compreendam desacoplado como um desdobramento incompleto. Um dos corpos, em geral o etérico ou o astral, fica um tanto inclinado, como se não conseguisse "entrar" no molde específico que deve abrigá-lo perfeitamente no corpo físico, o mais denso. Essa situação ocorre em médiuns neófitos, nos casos de manifestações psicofônicas de desencarnados muito densos, ou pelo médium se encontrar em desequilíbrio por algum motivo. Também é um tanto "comum" o estar desacoplado em medianeiros de grande sensibilidade, que, por sua natureza psíquica, têm o corpo etérico inclinado para um dos lados, o que abre uma espécie de janela vibratória que facilmente "solta" o corpo astral ante o menor estímulo. Normalmente, os desacoplamentos que causam mal-estar desaparecem com a continuidade do exercício de desdobramento apométrico, pelo que acreditamos de bom senso que todo médium iniciante faça um período de adaptação antes de participar diretamente da dinâmica do grupo; o tempo necessário depende da capacidade de cada um e, antes de tudo, da condição moral elevada.

Os ajustamentos de sintonia vibratória entre médium e desencarnado não eliminam os "desacoplamentos"?

Os ajustamentos de sintonia vibratória com o médium não se dão só com desencarnados. Pode ocorrer com um encarnado desdobrado que, por algum motivo curativo, é trazido ao grupo, ou com o ambiente astral onde se encontram deslocados, tanto o médium como Espíritos desencarnados ou encarnados. Essas situações se dão quando a percepção não está clara, com interferências, levando o aparelho mediúnico até uma sintonia vibratória límpida, necessariamente não havendo desacoplamento dos corpos inferiores, do etérico e do astral, pois a recepção sintônica pode estar se dando em corpo mental. Tudo no Cosmo é frequência, e cada indivíduo tem um tônus vibratório próprio, específico, único e intransferível, visto que não há nenhuma individualidade igual a outra no Universo, como se fosse impressão digital impressa em uma carteira de identidade cósmica.

Nesses casos, as contagens de pulsos magnéticos, diminuindo ou aumentando a frequência da recepção do medianeiro, fazem com que varie a sua faixa de sintonia, como se fosse um rádio com botão que se girasse em busca da estação transmissora que se quer escutar, até se obter perfeito ajuste entre a estação transmissora de ondas e o receptor. Considerem que a elasticidade mediúnica exigida para tais intercâmbios é enorme, pois os agentes receptores dos movimentos ondulatórios emitidos do Além devem ser ajustados a um determinado comprimento de onda que encontre ressonância harmônica com a estação transmissora. Há um tremendo rebaixamento vibratório quando atendidas entidades de baixíssimas condições: sofredoras, escravizadas, dementes e cristalizadas em situações traumáticas e torturantes do passado. Ocorre que quando há o desligamento desse irmão do campo fluídico energético do médium que lhe "deu" passividade, deve o medianeiro ser elevado à sua frequência original o mais rápido possível, sob pena de ficar desacoplado nos corpos inferiores pela forte indução magnética, densa, negativa, do agente sofredor socorrido, sentindo todas as sensações deletérias e perturbadoras.

Os médiuns "entrarão" em todas as situações possíveis que se apresentarem nos trabalhos socorristas e assistenciais, sendo que o bom obreiro da caridade não olha a trilha a sua frente. Muitos trabalhadores das lides mediúnicas refutam ardentemente contatos com fluidos mais enfermiços, querendo preservar suas vibrações, pois em experiências anteriores foram malconduzidos por alguns dirigentes que entendem que os medianeiros devem se libertar sozinhos de tais repercussões vibratórias, ou consideram dever dos Espíritos benfeitores tudo fazer, situações que os deixaram em estado de exaustão e enfraquecimento geral, marcando em seu psiquismo que Espírito denso deve ser atendido pelos mentores. Isso demonstra uma condução inadequada dos trabalhos, pois, se assim fosse, dispensariam-se os médiuns. Além disso, a caridade perderia o sentido se houvesse somente experiências balsamizantes, de benfeitores nimbados de luz amarela e violeta, de poesia e mensagens doutrinárias de apelo evangélico. Para tanto, bastariam as palestras e os encontros psicográficos de orientação geral.

Certo está que os mentores, Caboclos, Pretos Velhos e Exus, quando "incorporam" em seus aparelhos, "limpam-nos" quais eficazes exaustores, ajustando-lhes os chacras e desimantando placas, agregados enfermiços, fluidos destrutivos, miasmas pegajosos e formas-pensamento viscosas. De toda sorte, a contagem de pulsos magnéticos com leve estalar de dedos mostra-se eficaz instrumento de apoio mental para os ajustamentos vibratórios e ligações fluídicas diversas, quando conduzida habilmente por diretor capaz e o grupo mediúnico estiver apto e aberto a ser conduzido dessa maneira, o que nos facilita mantermos a harmonia sem ressonâncias e repercussões vibratórias, que, somatizadas aos finais dos trabalhos, seriam extremamente opressivas a vocês.

Os médiuns treinados nos desdobramentos apométricos, que se deslocam no Plano Astral com certa facilidade, não se tornam excessivamente anímicos?

"Exploramos" as potencialidades da alma, milenar e lapidada pelo ferramenteiro da imortalidade, durante muitas reencarnações. Paradoxalmente, muitos que combatem a maior participação anímica dos grupos de Apometria, as viagens astrais e as projeções da consciência, salutares atitudes ativas no Plano Astral, comparadas à sonolência e à preguiça mental dos passivos que se fecham no já sabido e esperam que os mentores sempre façam tudo, quais eternas muletas, na maioria das vezes se veem suplantados mediunicamente quando em comparação com o discernimento anímico conquistado pelos médiuns experimentados nos desdobramentos apométricos, dos viajores astrais e dos projetores da consciência.

A burla, a mistificação e o engodo são mais comuns em Espíritos desencarnados, pseudossábios que sobejam do "lado de cá", do que em encarnados de grande sensibilidade de alma. Os que desprezam o animismo são mais aptos a serem enganados por entidades mistificadoras de grande conhecimento, como se estivessem entronizados em reino do mediunismo que perdeu o contato com os vassalos das funções psíquicas e dos estados alterados de consciência do ser humano.

Vocês confundem anímico com mistificação. A sinceridade de propósito, o amor e a humildade com que os sensitivos se doam determinam os relatos verídicos daquilo que presenciam, sentem e percebem no Plano Astral, estando acima de seus preconceitos. As capacidades anímicas de todos são valiosas ferramentas de que dispomos.

O roteiro de técnicas e leis seguido nos atendimentos apométricos não faz com que os sensitivos percam a espontaneidade por estarem condicionados aos comandos verbais dos dirigentes?

Ao contrário, aumenta-a, desde que não haja proibições descabidas quanto às exteriorizações dos sensitivos, e sim bom senso que a todos envolva. Os comandos verbais e o roteiro de técnicas e leis apométricas são um acurado plano de viagem astral, levado a efeito por anos de inferência e observação casuística com notáveis e comprovados resultados de cura por aqueles que a compilaram, pois era preexistente antes da reunião em leis e técnicas, faltando apenas o senso de observação científico desprovido de dogmas e sectarismos para a sua perfeita aglutinação ao entendimento racional.

Na Apometria não se admite egos individuais se sobrepondo ao Eu Crístico coletivo. Nenhuma mediunidade é melhor do que a outra, e nenhum médium é mais médium do que ninguém. Sendo assim, para os condicionamentos serem proveitosos e não se tornarem ditames de subordinação que inibam a espontaneidade mediúnica, é de bom termo que os dirigentes sejam facilitadores, nada impondo, conduzindo harmoniosamente o grupo, com convicção, segurança, firmeza e austeridade disciplinadora, mas, acima de tudo, com mansuetude, humildade e amor.

Basta somente o pensamento educado, o ato volitivo adestrado e as contagens de pulsos magnéticos nos grupos de Apometria para desmancharem-se, numa fração de segundo, várias bases de organizações trevosas do umbral inferior e socorrerem-se bolsões de Espíritos sofredores com centenas, às vezes milhares, de irmãos desencarnados?

O "somente", a seu ver, pode ser o *quantum* de energia suficiente para a realização de incursões de envergadura na frente de batalha interminável da caridade assistencial. A energia estocada na matéria densa, que nada mais é que energia cósmica condensada, mostra-se valiosa fonte de doação quando temos que interceder nas comunidades das zonas subcrostais, verdadeiras cidadelas do umbral inferior, densas e de baixíssimas frequências, a ponto de se exigir grande quantidade de "combustível" animalizado.

Aliando a criação de campos de força à capacidade mental e à facilidade dos encarnados para obterem sintonia com relativa desenvoltura nesses sítios vibracionais deletérios, o que para os Espíritos benfeitores é um tanto dificultoso, juntamente com a cobertura das falanges espirituais que apoiam esse tipo de atividade, é possível, numa dimensão espaçotemporal que não pode ser dimensionada pelos relógios, se realizar varreduras energéticas e remoções astralinas de grande vulto. Podem avaliar que é mais fácil para uma pedra granítica chumbada ao solo afundar num lago pútrido e lodoso do que para uma borboleta que paira sobre um jardim florido.

Outrossim, devem distinguir as atividades reais acontecidas do excesso de imaginação porque alguns operosos obreiros dos grupos de Apometria se deixam levar. Geralmente, isso é decorrência de suas inseguranças pessoais, que ficam amenizadas diante dos extensos números prontamente relatados, quando não apregoam que foram os mentores que informaram. Esses relatos exagerados não têm ligação com a dinâmica apométrica em si, muito menos são fornecidos pelos benfeitores espirituais, sempre parcimoniosos e humildes.

O que é uma "base de organização trevosa" e um "bolsão de Espíritos sofredores"?

Uma organização especializada no mal – que é o sustentáculo astral de médiuns desviados da caridade desinteressada, que mercantilizam a mediunidade como se fosse balcão de escambo que a tudo resolve –, geralmente, tem locais em que se assentam seus equipamentos tecnológicos, centros de pesquisas, reservatórios ectoplásmicos vampirizados e, para espanto de alguns mais delicados, onde esses espíritos guardam suas armas como se fossem realmente uma tropa de combatentes. Isso é o que podem entender como "base de organização trevosa". Não é a cidadela dos desmandos em si, mas, sim, um local que lhe pertence, sendo o principal da estrutura malévola montada.

Suponhamos um encarnado abruptamente desligado do corpo físico por um acidente traumático, um incêndio. No Astral, esse ser vê-se indefinidamente na situação do desencarne abrupto, como se eternas labaredas fritassem suas carnes, num quadro de demência que cria continuamente formas-pensamento do cenário fatídico, como teatro real plasmado com personagens fictícios que são criados pela mente em desequilíbrio. Num certo instante desse processo dantesco, outros Espíritos na mesma condição mental estabelecem faixa sintônica com essa egrégora criada pelo primeiro desencarnado, que até então estava sozinho na sua louca ideação. E, assim, sucessivamente, outras entidades na mesma condição existencial, todas queimadas pelas chamas na Terra, vão se juntando como fiéis personagens de um roteiro escrito pelas mesmas sensações e emoções em desalinho. Está estabelecido o que denominam de "bolsão de Espíritos sofredores", tal qual uma gigantesca bolha que é plasmada no umbral Inferior e que mantém imantados grupos de Espíritos à sombra da sua circunferência. Atrai cada vez mais entidades para seu interior, por poderoso processo de influxo magnético-mental coletivo que afeta sobremaneira os que se afinizam com a área de influência. Isso é só um pequeno exemplo da plasticidade do Plano Astral.

Pode dar-nos maiores detalhes dos reservatórios ectoplásmicos vampirizados?

O ectoplasma é a substância mais almejada e que gera as maiores disputas no umbral inferior. Como essas localidades são habitadas por Espíritos de baixa condição moral, eles não conseguem imprimir forma às energias mais sutis, como o fluido cósmico universal. Para verem manifestadas suas intenções na dimensão em que se movimentam, precisam moldar equipamentos, armas, abrigos, prédios, veículos para transportes, alimentos, entre outras várias necessidades a que urge conferirem um feitio, uma configuração palpável no meio que lhes é peculiar.

Sendo assim, o ectoplasma se torna vital. É o fluido denso que conseguem coletar, moldando-o às suas finalidades destrutivas. Para tanto, além dos despachos com sangue quente derramado e abundante desse "combustível plásmico", se utilizam de encarnados, como hábeis manipuladores de fantoches. Instalam guardas e aparelhagens de coleta nas residências de seus doadores, dutos e encanamentos que levam essas energias animais até os reservatórios que mantêm em seus territórios, qual gado fornecedor de leite em usina de derivados, em engendrados e ardilosos planos de engenharia vampirizadora.

Muitos de vocês acordam cansados, como se não tivessem dormido. Dentre esses, há os que são as refinarias vivas dos reservatórios de ectoplasma, sorvidos que são noturnamente por máquinas de sucção do Além-túmulo, criteriosamente colocadas e guarnecidas em seus dormitórios. Os reservatórios de ectoplasma são espécies de tanques para estocagem, mantidos nas bases dessas organizações trevosas.

O que é um influxo mental-magnético coletivo?

Imaginem pensamentos em comum emitidos por centenas, às vezes milhares, de Espíritos imantados por tragédias traumáticas similares ocorridas quando estavam na carne. Há a formação de uma egrégora coletiva, ou forma-pensamento grupal, oriunda da convergência em um ponto comum a todos e de mesma natureza, que chega a se sobrepor, em seu poder magnético, às fontes emissoras que a sustentam energeticamente. Em cada um dos emissores dos pensamentos desequilibrantes, impõe-se uma indução que os domina cegamente, como se tivesse vida própria, e todos aqueles que se aproximarem da área de influência, por sintonia, serão atingidos com forte campo de força magnética, atraindo-os como ímã em meio de outros magnetos que multiplicarão o poder de imantação pelo influxo mental magnético coletivo, tornando-se cada vez maior e mais abrangente. É como se um ser criasse vida, uma egrégora gigantesca que se sustenta.

Como se dá a sintonia de encarnados da crosta com esses bolsões de Espíritos sofredores?

A razão mais comum é a existência inconsciente de ocorrências símiles em vidas passadas, ou seja, se o encarnado sintoniza facilmente com um bolsão de Espíritos sofredores incendiados é porque numa determinada vivência pregressa recente ele teve essa experiência. Como as situações vivificadas anteriormente pelo Espírito imortal vão sendo sedimentadas em "camadas" cada vez mais profundas, conforme vai se distanciando da época do fato gerador traumático pelas encarnações sucessivas, é improvável a sintonia fácil, como num simples apertar de mãos.

Ocorre que os magos negros, de grande poder mental, têm acesso facilmente às situações negativas de vidas anteriores. Em frio e calculado planejamento psicológico, buscam exatamente o quadro que mais marcou no passado o indivíduo que ele quer atingir e o recoloca na periferia consciencial da presente encarnação por poderoso mecanismo de irradiação eletromagnética que implanta no subconsciente a lembrança desequilibrante visada, espécie de estímulo de memória reavivado – polarização. A partir de então, pela ressonância natural que acontecerá, abre-se a porta para a sintonia com o bolsão de Espíritos sofredores afins, o que causará grandes transtornos no psiquismo do encarnado pela intensa repercussão vibratória que atingirá seu corpo somático, advindo rapidamente o padecimento mórbido sem aparente diagnóstico médico que o justifique.

Ficamos um tanto estarrecidos com esse incomum relato das técnicas malévolas dos magos negros. Como se desfaz essa sintonia, implantada, pelo que entendemos, em um tipo de polarização de lembrança traumatizante na memória presente de um encarnado e que causa tão nefasto desequilíbrio existencial em poucos dias? Não estamos seguros nem em nossas rememorações?

Na maior parte das vezes, essa sintonia se desfaz quando um médium é conduzido pelos mentores espirituais a captar a faixa de frequência que está vibrando com a ocorrência traumatizante passada, fonte geradora oriunda do subconsciente do encarnado, que pulsa afligindo-o terrivelmente. A catarse que ocorrerá com o psiquismo do medianeiro, dando passividade como se fosse para um Espírito sofredor, estabelece a imediata liberação da condição sintônica do encarnado, aliviando-o em suas somatizações. Isso acontece muitas vezes, sem que saibam, em todos os trabalhos socorristas que envolvem a mediunidade.

Nem tudo é Espírito nas manifestações, sendo a receptividade do sensitivo conduzida para se dar "naturalmente" com situações de vidas passadas que estão aflorando do inconsciente para a zona consciencial do adoentado, se fazendo necessária a libertação. É uma espécie de exaustão catártica que verterá pelos corpos etérico e físico do aparelho mediúnico, numa purgação que desfaz o estímulo de memória que está "vivo" na rememoração atual do encarnado, embora não totalmente consciente, e muitas vezes habilmente aproveitada pelos Espíritos benfeitores para atenderem todos os Espíritos "presos" pelo influxo mental-magnético coletivo que gera o bolsão de sofredores desencarnados.

Nos casos mais graves, se faz necessário que nos apoiemos na atuação direta da energia mental mais densa dos obreiros dos grupos de Apometria, que atuarão na área cerebral etérica do encarnado ou do desencarnado que está sendo assistido, em manifestação num médium. A finalidade dessa intervenção é efetuar a despolarização magnética do estímulo que está gerando o abatimento e o esgotamento de forças do enfermo assistido, fazendo-o desligar-se da ocorrência do passado, como se esquecesse.

Há de se afirmar que, sendo a memória única no contínuo tempo da individualidade espiritual imortal, o jargão comum "apagar estímulos de memória" não significa destruir o quadro rememorativo da vivência pretérita, que continuará integrando à memória perene. O que acontece é que não haverá mais a rememoração na atual vida do encarnado, cessando as ressonâncias desequilibrantes que estavam sendo geradas por estímulo eletromagnético neuronal implantado ou polarizado pelo agente obsessor.

A modificação gerada na rede neuronal por processo contrário ao que foi levado a efeito pelo mago negro, conduzido amorosamente por competente operador apométrico, técnica que denominam de "despolarização magnética dos estímulos de memória", age nas lembranças oriundas da memória perene, no sentido de cessar os estímulos "recordativos" que estão atuantes na corrente elétrica neuronal, ligados a uma situação traumática outrora vivida. De maneira alguma apagam a memória, pois, se assim o fosse, infringiria sua unicidade. Toda a existência anterior, com sua riqueza de experiências, deixaria de existir na mente espiritual, o que caracterizaria uma anomalia da natureza. Podem concluir, assim, que não se consegue apagar nenhuma parte da memória que seja, sendo direito cósmico inalienável de cada cidadão as suas vivências passadas, integrantes de princípios de cosmogênese que ainda não estão preparados para compreender em plenitude.

A memória perene forjada pelo evo dos tempos é imanente ao Espírito e fruto exclusivo da sua semeadura, direito cósmico intransferível. Se fosse possível apagá-la, viveriam num cenário de anormalidade composto de eternos autômatos sem expressão, não pela possibilidade de tal feito em si, mas pela imoralidade que ainda impera na Terra nos muitos corações empedernidos na maldade, que se aproveitariam disso para a dominação mental, o poder absoluto, o controle psicológico e a escravidão coletiva.

Pode dar-nos maiores informações das vidas passadas do consulente que afluem no psiquismo dos médiuns, como se estes estivessem vivenciando a experiência traumática, e do atendido no grupo apométrico? Como são determinadas, pois entendemos ser algo como procurar agulha num palheiro? Ou seja, o Espírito milenar tem tantas reminiscências em sua memória perene que entendemos ser impossível aos médiuns captar aleatoriamente as corretas situações para liberação da condição sintônica do consulente!

Os médiuns atuam como fiéis exaustores nessas situações. Os sensitivos, tal qual instrumentos musicais afinados para ressonarem ao mínimo acorde, experimentam em si um processo catártico intenso, como eficaz medicamento purgativo, "soltando" o consulente enfermiço do quadro patológico mórbido de vidas passadas que o perturba e o aflige na atualidade. Quando um assistido adentra no atendimento caridoso de um grupo de Apometria moralizado e com retaguarda do Plano Espiritual Superior, imediatamente temos acesso, em tela holográfica – uma espécie de monitor de poderosos computadores plasmáticos do Astral que ainda não conseguimos descrever pela dificuldade de encontrar palavras no atual vocabulário terrestre –, a todo o encadeamento cármico das vidas pregressas do adoentado até o exato instante do tempo em que ele se encontra em corpo presente para ser atendido.

As ressonâncias mais comuns somatizadas são como "nós" traumáticos de existências pregressas que ainda repercutem consciencialmente na vida dessa criatura. Nos casos em que há merecimento e não se contraria o livre-arbítrio do cidadão assistido, autorizamos a captação por um médium, como se fosse uma estação receptora televisiva que passará um filme de terror com todas as sensações, dores, emoções, vivenciando a catarse que libertará o doente do quadro repercussivo que o está aturdindo.

Certo está que muitos de vocês não percebem tais sutilezas pela "rapidez" desses procedimentos na dimensão espacial. Disso, podem inferir que é inconcebível um trabalho de caridade com a Apometria sem o apoio participativo do Plano Espiritual Superior. Por isso, deixem de lado as discussões estéreis sobre os animismos e não se preocupem exageradamente com as críticas. O fato de determinadas técnicas do abençoado bálsamo, ou seja, a Apometria – que foi materializada na Terra por determinações dos Maiorais sidéreos –, serem de cunho a explorar suas capacidades da alma, não deve os desanimar sob nenhuma hipótese, pois o ser anímico ou mediúnico é de somenos importância diante da doação amorosa e do desinteresse pessoal, elementos que formam o amálgama que dá condição de sustentação aos bons Espíritos do "lado de cá" aos labores na seara do Cristo, como demonstramos neste pequeno exemplo. São muito importantes esses comentários e esclarecimentos, para que cessem os embates divisionistas alardeados pelos críticos zelosos das purezas doutrinárias que, no fundo, denotam acomodação e um certo ranço sectarista por tudo que difere um pouco do diapasão usual a que se acomodaram passivamente.

Para nosso melhor entendimento, pedimos outros exemplos de "nós" de vidas passadas que aturdem e desequilibram o encarnado na vida presente.

Podemos afirmar que esses "nós" das vidas anteriores, que repercutem negativamente na vida presente de um encarnado, são como resíduos cármicos, espécies de fragmentos da aplicação justa da Lei de Causa e Efeito diante das vivências na carne do Espírito imortal. "Flutuam" aos milhares na superfície consciencial, pois nem todos são deletérios e ruins, a maioria é benéfica e boa. São contidos no grande oceano do inconsciente milenar que jaz no psiquismo de profundidade, nos escaninhos do Eu Espiritual.

Um exemplo: uma esposa é depressiva e irrequieta no relacionamento amoroso com seu esposo a ponto de entrar em crises de choro compulsivo descontrolado. Ao mesmo tempo, o companheiro a sufoca, não depositando nela o mínimo de confiança. No atendimento apométrico, um médium se vê como sendo ela em vida anterior, presa em uma torre de um castelo medieval, torturada pelo atual marido, que também era seu companheiro no passado. A desequilibrada de hoje está presa num quarto escuro e é regularmente espancada pelo esposo, que não a perdoa pelas inúmeras infidelidades sexuais cometidas com os guardas do palácio.

Noutro caso, uma jovem sofre de colite, sem causa aparente nos diagnósticos médicos realizados. No grupo de Apometria, autorizamos um médium a sintonizar o problema e ele verifica a ocorrência pregressa de envenenamento em campo de concentração e tortura nazista. Desfaz-se essa expressão de horror residual que repercutia na vida presente, sem causa aparente.

Em outro ainda, um homem de meia-idade padece de tosse crônica, insuficiência respiratória e constante inflamação nos olhos. Tendo sido um sacerdote maia da época das invasões espanholas, foi obrigado a assistir à queima de toda a sua aldeia e seus habitantes, desencarnando sufocado no meio da fumaça durante tal tragédia na época da Inquisição.

Há muitos exemplos. Esses casos têm o mérito de demonstrar-lhes que são afetados pelo estado único de Espírito e que não dependem exclusivamente da roupa física que estão vestindo num determinado momento existencial. Não nos preocupamos em coletar o máximo de detalhes históricos dos consulentes suscetíveis a servirem de exemplos. O que nos motiva são o bem-estar e as curas propiciadas, embora alguns irmãos de outras lides espiritualistas sejam ferrenhamente contrários a esse tipo de abordagem curativa. Prefeririam deixar o doente tomar conta de si, com os desequilíbrios psíquicos, emocionais e mentais que o sufocam, afetando o discernimento, a ponto de esses molestados da alma não conseguirem fonetizar uma prece. Como iniciar a indispensável reforma íntima se não conseguem articular verbalmente uma pequena oração?

É importante que compreendam quem vocês são de verdade. Esse aprendizado deve ser uma opção individual, lembrando que são espíritos, a soma de tudo do passado e do presente, que, por sua vez, determinará o seu futuro.

O encadeamento cármico, dentro das Leis de Causa e Efeito, não "impõe" que a pessoa expurgue essas nódoas de vidas passadas que repercutem em sua individualidade imortal? Não há um desrespeito ao carma individual?

Como falamos alhures, nos casos em que há merecimento e não se contraria o livre-arbítrio do cidadão assistido, autorizamos a captação por um médium, que vivenciará a catarse que libertará o doente do quadro repercussivo que o está aturdindo. Há de se comentar que a Lei do Carma não é sádica nem torturante. Existem fatores que determinam uma conexão entre as várias pessoas que se relacionam com o consulente em desequilíbrio e que estruturam um grupo evolutivo encarnado, no mais das vezes exigindo uma justa intercessão do "lado de cá" em auxílio a esse ente que está procurando auxílio. Do contrário, não havendo essa assistência socorrista, haveria um mal maior aos seus filhos e parentes, colegas de trabalho e vizinhança, que não podem dimensionar na carne, e que nos dá o direito cósmico de assim procedermos, em prol do bem-estar da coletividade que o cerca e que dele depende de alguma forma. Os desdobramentos das mazelas do atendido num determinado instante existencial podem não estar previstos por uma imposição da malha cármica, o que nos autoriza atuarmos em prol da imediata recuperação do enfermo.

Supomos que os grupos de Apometria também façam terapia de vidas passadas.

Supõem inadequadamente. Isso seria misturar alhos com bugalhos, ou querer fazer uma salada de pepino com jabuticaba. A terapia de vida passada parte do interesse do paciente em esclarecer traumas que o perturbam, sedimentados em existências anteriores, e que fluem para a vida presente, como gatilhos que se soltam sem explicação racional à luz de outras terapêuticas, inclusive da própria medicina. É o despertar pessoal que conta, baseado na vivência da pessoa que está aos cuidados do médico ou psicólogo terapeuta de vidas passadas, que o conduzirá com habilidade, num clima de confiança recíproca entre ambos, sendo o doente ativo no processo de libertação.

Na Apometria, os mentores espirituais dos trabalhos autorizam acessar determinadas situações da anterioridade da alma milenar para que um médium sintonize esse "nó" e vivencie em si a catarse necessária para a libertação do consulente. Geralmente, dentro da dinâmica da técnica apométrica, não recomendamos maiores detalhamentos de vidas passadas aos consulentes, sob pena de desentendimento e agravo do quadro enfermiço do paciente, que ficará inseguro diante da complexidade que se apresenta.

O que ocorre na terapia de vidas passadas é conduzido em várias sessões individuais, sem manifestações mediúnicas de outras pessoas, a não ser a própria vivência catártica do atendido, habilmente assistido pelo profissional médico ou psicólogo que o atende. É o contrário do atendimento apométrico, cujo consulente se vê diante de um grupo com finalidade de assistência anímico-mediúnica espiritual, em que mais de um componente expressará sentimentos, emoções e padrões psíquicos incomuns ao atendido.

Com certeza há uma sinergia entre as atividades de um médico ou psicólogo terapeuta de vidas passadas com a participação ativa desse profissional em um grupo de Apometria, pois terá ampliada sua diagnose e capacidade de entendimento das vidas pregressas dos pacientes no seu consultório. Isso não quer dizer que se deva fazer atendimento apométrico em "consultórios" improvisados, regiamente remunerados e com a participação de sensitivos, situação que se prende aos instrutores milagreiros da Nova Era; aventureiros e despreparados das questões da Espiritualidade, que se encontram dependentes financeiramente desse meio de vida distorcido. Esse tipo de falsa caridade, que só dá munição para os conflitos e críticas, não tem relação direta com a Apometria em si ou com a ética profissional de médicos e psicólogos que se envolvem com essa técnica curativa.

As "portas abertas" para a investigação sistemática da dimensão astral, propiciadas pela Apometria, não levam os que lidam com essas

técnicas a sentirem-se onipotentes, "tudo podendo", como se fossem milagreiros do Terceiro Milênio nas lides medianímicas?

Sem dúvida! Só que essa situação se prende às suas vaidades e egoísmos, nada com a Apometria em si. A condição moral elevada para qualquer trabalhador no mediunismo é impositivo que não se questiona. Contudo, observem que os trabalhos apométricos, pela posição ativa que exige dos medianeiros, "abrindo" as portas da investigação sistemática das dimensões paralelas e do Plano Astral, em especial o inferior, requerem um sólido preparo dos médiuns. Não bastam o esforço hercúleo de interiorização do sentimento evangélico e a conduta moral exemplificada nos atos da vida diária; não que tais alicerces sejam frágeis, mas há de se reconhecer serem requisitos básicos e mínimos para quaisquer trabalhadores.

Os médiuns devem ter uma educação mediúnica consistente para atuar na Apometria e, acima de tudo, maturidade, que só é conseguida com o tempo e trabalho continuado. O médium apômetra, igual ao umbandista, se verá diante de toda sorte de assédios, de tudo que há de mais sórdido no submundo astral, que o atacará inapelavelmente. Buscarão sua família, seus filhos, estarão à mercê dos levantes malévolos, seus colegas de trabalho serão alvo de induções mentais para o desestabilizarem, quando não o tentarão aniquilar brutalmente pela utilização da terrível magia negra, e se houver ressonâncias de vidas passadas, já que a maioria daqueles que se identificam com a Apometria foram magos negros em existências pretéritas, se intensificarão esses embates.

Vivenciando todas essas ocorrências, a assistência espiritual, as curas ininterruptas dos consulentes, aliadas às enormes possibilidades que a Apometria oferece aos condutores e dirigentes de grupos, predispõem-se alguns encarnados a se sentirem poderosos, como se tudo lhes estivesse ao alcance das mãos. Por isso, afirmamos que o preparo moral, o autoconhecimento, a humildade e a parcimônia com os resultados alcançados no amparo curador devem ser o alicerce que manterá o grupo em pé e atuante.

Felizmente, os desmandos de onipotência existentes não são consequências da abençoada técnica apométrica em si, mas, sim, do despreparo de alguns afoitos no campo da mediunidade assistencial, que apregoam a Apometria como a onda da moda espiritualista, em verniz disfarçado de falsa modéstia, igual a lobos em pele de cordeiros, dissimuladamente levando consulentes para os seus "consultórios" alternativos e grupos formados sem nenhum critério consistente para a perpetuação dos trabalhos. Articulam encontros caça-níqueis de final de semana, regiamente pagos com depósitos bancários de comprovação antecipada e com entrega de apostila no final, quando não certificado de participação que "avaliza" os conhecimentos apométricos recentemente adquiridos, em que, sendo instrutores, ensinam a Apometria como solução para todos os males, realmente personificando os milagreiros do Terceiro Milênio.

Seguem esses que "tudo podem", sem terem estrutura mediúnica espiritual para se manterem no caminho reto e moral nas lides com o Astral, advindo daí as interpretações equivocadas dos zeladores da pureza doutrinária e críticos costumeiros, que encontram nesses imprudentes, ingênuos garroteados às moedas dos homens, que fazem da Apometria o seu ganha-pão diário e labor profissional, combustível para as separatividades e incompreensões entre as diversas doutrinas espiritualistas que aceitam o mediunismo. Não se coadunam com o ganho próprio as atividades de caridade com o Além.

Poderia nos esclarecer quanto às ressonâncias vibratórias de vidas passadas?

São espécies de transferências vibratórias, oscilantes e intermitentes, mas com aguda repetitividade, de traumas registrados no inconsciente milenar para o consciente da atual encarnação. Pensamentos em desalinho, pânicos sem causa aparente, receios exagerados, insônias, comportamentos compulsivos, entre outras causas não aparentes, afluem no comportamento do ser, gerando ansiedades, depressões, ódios e dificuldades gerais que levam rapidamente a um quadro de esgotamento psíquico, advindo doenças variadas no corpo físico. Se há sintonia com Espíritos sofredores em mesmo estado mental, pelas repercussões vibratórias que se intensificarão, rapidamente se agrava o quadro mórbido do encarnado, como aludimos nas respostas sobre os bolsões de Espíritos sofredores e as induções mentais.

Acreditamos ser um dos pontos mais polêmicos da Apometria o fato de não se deixar obsessores à solta. Insistimos: isso não contraria o Evangelho do Cristo, o livre-arbítrio e os ditames universais de fraternidade?

Vamos exemplificar: vocês têm um filho que por um desentendimento num jogo de futebol, no campinho do bairro, foi obrigado pelo juiz a ficar na reserva, como forma justa imposta pelas regras do jogo, o que foi prontamente acatado pela equipe, compensando assim a ofensa verbal ao colega de time. Não satisfeito, o jogador ofendido com a punição realizada, odiosamente, espreita o outro, acompanhado pela turba de valentões, iniciando uma surra sem fim, com pontapés, socos, puxões e arrastos. Nesse caso, vocês seriam favoráveis ou contra que se afaste esses malfeitores violentos, retendo-os, ao menos provisoriamente, até que cada um se dê conta dos seus desmandos?

A vilania de certos atos ultrapassa sobejamente o livre-arbítrio e o carma individual do atingido. É preciso a pungente misericórdia do Alto, liberando os que não estão em débito para sentirem as unhadas do sofrimento credor nas entranhas. O livre-arbítrio dos empedernidos no mal, valentões desocupados e vilões desditosos do Além-túmulo vai até o ponto em que não ultrapassa o carma e o livre-arbítrio do irmão objeto da ação maldosa que eles executam raivosamente. Impõe-se a intervenção socorrista que tem atribuição de reter esses irmãos nas estações transitórias do Astral Inferior. Não desrespeitamos o livre-arbítrio, agindo exatamente no limite entre o início do merecimento de socorro pelo irmão desrespeitado em seus direitos, e que já pagou até o último ceitil de sua dívida, e do término da liberdade de ação do agente cobrador pelo abuso do seu próprio livre-arbítrio, em prol da harmonia e do reequilíbrio perante as leis cósmicas. Se fosse ao contrário, se prejudicaria a coletividade que cerca o atingido, causando um mal maior.

Quanto aos ensinamentos, tão bem demonstrados no Evangelho do Cristo, é oportuno aludirmos as ações pessoais de Jesus, que não doutrinava os demônios dos possuídos que os procuravam sôfregos para a cura, e sim expulsava-os sumariamente com o direito cósmico que tinha pela sua elevada estirpe sideral e condição moral e pelo apoio das hostes angélicas que o acompanhavam do Plano Oculto, retendo e levando essas legiões de Espíritos enfermiços, grudados como carrapatos nos encarnados incautos de outrora, para os locais de detenção provisória dos tribunais divinos, que os julgavam caso a caso nos seus direitos e deveres como cidadãos cósmicos.

Trouxemos essas cogitações para clarear seu discernimento. Muitas vezes, deixar obsessores à solta, ao contrário de se estar exercitando a tolerância amorosa, de acordo com os ditames universais de fraternidade que devem reger os labores da mediunidade socorrista, é praticar a conivência subserviente de alguns homens utilitaristas com as causas próprias, receosos de punições posteriores dos obsessores do Além.

Isso não quer dizer que todos os obsessores ficam retidos. Os julgamentos são feitos individualmente, e cada um será encaminhado para o local que lhe seja justo. Sendo assim, há muitos que, após serem esclarecidos no Astral, são soltos para retomarem às suas caminhadas como lhes aprouver, já que essa decisão lhes é de merecimento no exercício do livre-arbítrio. Na maioria dos casos, não retomam aos atos nefastos que vinham praticando, acatando de bom coração as recomendações. Muitos intrépidos e altivos torturadores de aluguel, após se refazerem e terem seus corpos astrais "refeitos", não se vendo mais como monstros assustadores, suas vestes imundas trocadas, os ferimentos sarados, a fome e a sede satisfeitas durante o período em que ficaram retidos, aceitam em choros copiosos de arrependimento serem deslocados para comunidades no Astral onde se prepararão para futuras encarnações.

O que é a tão comentada "força mental"?

A mente é o instrumento principal do Espírito para atuar sobre o mundo das formas, no universo manifestado aos sentidos terrícolas como no Mundo Oculto ao sensório. É a autora de todas as criações e se confunde com a própria centelha espiritual, tal a sua importância. Os homens se tornam inevitavelmente aquilo que pensam. O poder, a força ou energia mental produzem ininterruptas interferências e mudanças no meio que os cerca, visível e invisível.

A maior dificuldade dos indivíduos encarnados é compreender a fonte geradora de pensamentos contínuos que é a mente. O pensar se relaciona com todos os corpos sutis que "envolvem" o Espírito, como se fosse um bebê embrulhado em mantas para que a friagem do meio hostil não cause grave estiolamento. O ato volitivo de pensar antecede os sentimentos do corpo astral e as sensações do corpo físico. Quando desestruturado o fluxo de ideações superiores que provém dos corpos átmico, búdico e mental abstrato (esses três veículos da consciência constituem o Eu Superior), advêm modificações intensas nas relações do indivíduo com o meio, que são sustentadas pelos corpos inferiores: astral, etérico e físico, quando não se instala o alheamento total, chamado por vocês de loucura.

As predisposições mórbidas do corpo físico ao longo da jornada terrena estão instaladas na casa mental. Devem alterar os pensamentos geradores das distonias, em cuja gênese estão fatores psicológicos ocultos, resíduos traumáticos relacionados a existências pregressas, que ainda reverberam das camadas mais profundas do psiquismo inconsciente para uma área que tangencia o consciente, algo como um subconsciente, que ficaria entre o inconsciente e o consciente, a periferia da vida presente do encarnado. Essas dissonâncias mentais de complexa etiologia instalam e intensificam desarranjos vibratórios em determinados locais e órgãos do corpo astral ou perispirítico, que repercutem no físico na forma de doenças variadas.

Ocorre que a ciência despreza e desconhece a força dos pensamentos e os sete corpos mediadores da manifestação. Os pensamentos são gerados pelo Espírito, que é a inteligência e a vontade, e os seus sentimentos e ideias se transformam num fluxo pensante. Oriundos do Eu mais profundo, a centelha espiritual, fluem por intermédio dos sete corpos mediadores, átmico, búdico, mental superior, mental inferior, astral ou perispirítico, etérico e físico, como se fossem sucessivas camadas. Percorrem todos os níveis energéticos envolvidos, do mais sutil e rápido ao mais denso e lento, até alcançar a matéria, pesada, grosseira e de baixa vibração, interferindo na vida do Espírito com o meio que o cerca, pois ocasionam atitudes, comportamentos e, consequentemente, o modo de ser.

Como dissemos alhures, o cérebro físico, comparável a um transformador de voltagem, reduz a frequência das ondas psíquicas que procedem do corpo astral ou perispirítico, mente não física, só chegando até os neurônios e às sinapses cerebrais ao final de um encadeamento redutor, sendo o corpo etérico a última cadeia antes do corpo físico.

Vocês devem mobilizar o "fantástico" poder mental que possuem para que seus destinos sejam venturosos. Foi por intermédio dessa força fabulosa que muitos iniciados desmaterializaram objetos, se transportaram de um lugar a outro, levitaram e curaram os doentes, conforme relatos na História.

Na Apometria, é de fundamental importância a força mental canalizada coletivamente, situação que se consegue com as contagens pausadas em um grupo treinado e unido. A energia mental atua facilmente na matéria astral, muito plástica, constituindo um potente dínamo criador, que pode aglutinar, expandir, modelar, desagregar e manipular em formas diversas o fluido cósmico universal, que é o insumo principal das energias manipuladas pela faculdade psíquica das mentes educadas.

A força mental que está amparada na arte de pensar e dinamizar energias cósmicas para fins curativos e de caridade exige convicção e uniformidade de ideias. Nesses quesitos, reside o principal fator de sucesso da técnica apométrica. Quando bem aplicada e aceita por um grupo coeso e moralizado nos ideais superiores de amparo ao próximo, se intensifica numa equação multiplicadora sem fim com o apoio dos bons Espíritos que se agregam ao agrupamento terreno. Sendo assim, podem verificar as afirmativas de Jesus quando dizia: "Eu e meu Pai somos um", ou ainda, "Vós sois deuses".

Esse poder mental, modelador ou desagregador no Plano Astral, que os encarnados desenvolvem com os trabalhos continuados de Apometria, não dispensa o auxílio dos bons Espíritos, tornando os trabalhos totalmente anímicos?

Pela própria condição de encarnado, limitada pela mente física, qual transformador de voltagem que rebaixa a tensão para não queimar a aparelhagem de um delicado aparelho eletrônico, é imprescindível a cobertura espiritual dos benfeitores do "lado de cá". Sem esse auxílio "oculto", quase nada se conseguirá no caminho do bem que consola e da caridade que alenta.

O mero poder modelador mental que age na matéria astral, que seria manipulada sem finalidade de caridade por motivos banais e egoísticos, determinaria o fracasso das lides com a Apometria, ou a sua destinação para a mais nefasta magia negra. Afora a indispensável cobertura dos Espíritos, cada um dos elos que formam a corrente ou egrégora coletiva de um grupo deve se mover por ideais de amor e doação, nos moldes preconizados no Evangelho do Cristo, criando sistemática defesa contra os maus pensamentos, as interferências e induções mentais negativas de Espíritos imorais e maldosos. Os campos vibratórios criados devem estar livres de assédios e frequências vibratórias de baixo escalão.

Considerem que nem mesmo Jesus esteve dispensado do auxílio das hostes angélicas. Desse modo, olhem para vocês e sintam como ainda estão distantes Dele, tendo se passado dois milênios da estada do Mestre na Terra. Diante disso, qual seria a finalidade da dispensa do auxílio dos bons Espíritos?

A magnitude dos grandes iniciados está na humildade, em terem os braços abertos a todos que se alinhem nas suas vibrações de cura e amor. A onipotência na Terra sempre gerou separatividades, desmandos, assim como guerras e morticínios cruéis. A potencialidade infinita de suas almas, lavrada pela seguinte sentença do Divino Mestre: "Vós sois deuses", está inserida no contexto maior de sua obra na Terra, que é um roteiro cósmico de ascese angélica aos homens, e não deve ser tomada ao "pé da letra" isoladamente. Avaliem essa assertiva juntamente com as seguintes: "Sabeis que os governadores das nações as dominam e tiranizam. Entre vós não deverá ser assim. Ao contrário, aquele que quiser tornar-se grande entre vós seja aquele que serve" e "Aquele que se exaltar será humilhado, e aquele que se humilhar será exaltado".

Jesus ainda exemplificou humildade e amor dizendo: "Vós me chamais Mestre e Senhor, e dizeis bem, pois eu o sou. Se, portanto, eu, o Mestre e o Senhor, vos lavei os pés, também deveis lavar os pés uns dos outros. Dei-vos o exemplo para que, como eu vos fiz, também vós o façais". Interiorizem o Cristo em vocês e ajudem-se reciprocamente, não deixando ser levados pelo egoísmo. As suas lides ativas com o Plano Astral, que se descortinam com a Apometria, devem catapultá-los a um exercício continuado de vigilância e humildade.

Aqueles que se acham senhores absolutos, tudo podendo e tudo fazendo, estão escancarando as janelas e portas da casa mental para os irmãos das sombras que anseiam pelos arroubos velados de grandiosidade dos que se consideram deuses encarnados. O auxílio dos Espíritos não é somente para os bons e nunca cessa, mesmo quando vocês se sentem sós.

As contagens de números e de pulsos magnéticos, acompanhados de estalar de dedos, nos parecem algo um tanto cabalístico e barulhento. A utilização desses recursos não fica contraditória ante o poder mental? Esses sons são realmente necessários?

As tradicionais concentrações exigidas nas sessões mediúnicas se confrontam com a grande massa dos médiuns encarnados, afoitos, agitados, angustiados pelas imposições comezinhas da vida, quando não têm a "nítida" noção de que o corpo físico é a única realidade que os cerca. Por essa razão, os cultos ligados à religiosidade oriental, à Igreja Católica Romana e à Umbanda adotam cerimoniais, orações coletivas e cânticos, direcionando a mente dos médiuns e crentes a pontos focais que têm um mesmo objetivo benfeitor. Os esoteristas, rosa-cruzes, maçons e teosofistas preferem se fixar em imagens simples e conhecidas de todos os circunstantes que facilitam a mentalização coletiva, muito importante para a formação das egrégoras ou imagens mentais que vibrarão no Astral, criando a ambientação fluídica necessária para a atuação dos bons Espíritos.

Quando os dínamos mentais individuais divergem nas ideações, enfraquece-se a atração magnética vibracional requerida para os labores mediúnicos. Dessa maneira, podem concluir que esses recursos não são nada contraditórios, o som dos pontos cantados estabelece a ligação vibratória com o Astral, e as contagens de pulsos magnéticos servem como firme apoio para a criação das egrégoras mentais pelos médiuns. Contudo, há de se convir que as finas melodias de um Mozart, Vivaldi, Bach e Vila Lobos requerem um aparelho de som regulado nos graves e agudos, em que o volume deve estar ajustado para a harmonia e deleite de todos os ouvintes, sob pena de se tornar estridente e barulhenta a arte mágica do som representada nas composições desses gênios musicais.

Estejam convictos de que no Plano Espiritual existem sinfonias e acordes que esses médiuns compositores "escutaram" à época, mas que neste plano de manifestação material se mostram como sonoridades abafadas e distantes quando comparadas às orquestras afinadas do Astral. O estalar de dedos barulhento, as contagens estridentes e as posturas cabalísticas exageradas ficam por sua única responsabilidade. Não transfiram para a Apometria seus desmandos e suas vaidades dissimuladas.

Ouvimos muito falar no Plano Mental. Quais são as peculiaridades dos trabalhos em corpo mental com os médiuns?

A mente elabora as concepções superiores. As ideações antecedem as ações e as emoções. Faz parte do ser o contínuo fluxo pensante mais profundo. O corpo mental é uma espécie de ovoide, se estendendo em torno de noventa centímetros em volta do complexo físico, etérico e astral, quando os indivíduos são moralizados e de conduta evangélica. Em homens de baixa moral e apegados ao sensório, no mais das vezes, quase não conseguimos perceber os seus corpos mentais, algo diminuídos e de cores escuras, marrons e pardacentas. Os indivíduos cujas emoções e paixões estão subjugadas pela razão crística são possuidores desse corpo mais brilhante e translúcido que os demais, ativo e luminoso, em tons amarelados. Os corpos mental, astral e etérico estão intimamente relacionados, pois os pensamentos afetam as emoções e os sentimentos, que, por sua vez, tornam-se somáticos no bem-estar ou no desequilíbrio.

Os Espíritos desencarnados têm normalmente o corpo mental constituído. Em muitos casos, o corpo astral se faz invólucro pesado e denso, sendo comum em certas paragens cósmicas o hábitat sem esse mediador sutil do Espírito. Ou seja, existem colônias espirituais em determinadas dimensões vibratórias onde as coletividades espirituais que ali estagiam o fazem com os corpos mentais, sem quaisquer configurações perispiríticas costumeiras no Plano Astral.

Em alguns trabalhos socorristas de Apometria, e os que requerem incursões às cidadelas da subcrosta terrestre, varreduras energéticas e remoções de comunidades sofredoras do umbral inferior, em que seria algo trabalhoso aos mentores que coordenam os trabalhos das falanges socorristas rebaixarem suas vibrações para se apropriarem novamente de um corpo astral, e pela enorme demanda de fluido animal para recomposições dos corpos astrais de entidades deformadas e escravizadas, utilizamo-nos dos corpos etérico e astral do médium, dissociados dos demais corpos. Intervimos "soltando" esses mediadores por meio de magnetismo próprio, que inverte as polaridades que os mantêm retidos vibratoriamente aos demais corpos. Atuamos com os nossos corpos mentais acoplados nos chacras do corpo astral da aparelhagem mediúnica que está desdobrado dos demais corpos, formando um "novo" complexo etérico, astral e mental.

Normalmente, utilizamos esses recursos de dissociação dos corpos, o que nos "facilita" a desenvoltura nesses sítios vibracionais deletérios e muito similares à matéria carnal. Na verdade, isso é costumeiro em quase todas as atividades socorristas; utilizamos "emprestado" do médium o corpo sutil necessário ao labor curativo que está sendo levado a efeito.

Existem os casos contrários. Em específicas cirurgias astrais, em que atuamos nos corpos sutis superiores de encarnados e desencarnados, precisamos somente do corpo mental do médium. Por meio de sua percepção do Plano Mental, o medianeiro relata ao grupo de médiuns o que está ocorrendo, advindo a formação de egrégora coletiva necessária a esses tipos de intervenções de cura, o que muitas vezes é realizado em grande número de Espíritos sofredores. Ou seja, pode estar ocorrendo o atendimento de um encarnado no grupo de Apometria e a verbalização do médium se relacionar individualmente a esse consulente, mas a energia disponibilizada pela forma-pensamento grupal que é "materializada" na substância astralina, altamente plástica, é manipulada para o máximo de socorro espiritual, ao maior número possível de entidades doentes, molestadas, com deformações e fixações mentais altamente perturbadoras.

O fato de o tempo e o Espaço não existirem na dimensão mental interfere de que maneira na percepção dos sensitivos? E como os Espíritos se utilizam disso para a caridade?

As capacidades psíquicas ficam atrofiadas quando vocês estão imersos na carne. Poucos indivíduos desenvolvem as faculdades que são inerentes à plena potencialidade mental de quando estão em Espírito, situação que esquecem facilmente quando encarnados. O meio que os cerca conduz a uma exaltação excessiva dos sentidos físicos, que estão relacionados com essa dimensão tridimensional, cartesiana e racionalista.

Os sensitivos com percepção do Plano Mental, cujos corpos mentais se desdobram com regularidade, penetrando nas dimensões vibratórias em que o espaço-tempo não existe, e cuja forma não é como percebem na matéria e no Plano Astral, são levados a se sintonizarem a situações remotas de vidas passadas dos consulentes, a perceberem ocorrências que acontecerão no futuro e a "verem" os pensamentos mais ocultos de encarnados e desencarnados.

Utilizamos a clarividência, a telepatia e a capacidade ampliada de ideação dos médiuns, em que um amplo conjunto de conhecimentos pode "entrar" em seu consciente como se fosse um holograma que é colocado para leitura, situação que ocorre num lapso de tempo que denominam de *insight* anímico-mediúnico. É um *flash* que contém uma história, uma mensagem ou até um livro inteiro.

– 4 –
Fenômenos nos grupos de Apometria

Ramatís responde

Percebemos que se tornou consenso para alguns confrades mais resistentes aos "novos" conhecimentos que a Apometria é de terminologia de difícil entendimento. Em especial, os transtornos anímicos são repelidos, pois esses mesmos irmãos são de opinião que tudo é "espiritual" quando lidam com as disfunções psíquicas nos trabalhos desobsessivos, classificando-as como manifestações mediúnicas. Pedimos seus comentários quanto aos chamados fenômenos anímicos auto-obsessivos".

Vocês são espíritos imortais com "infinitas" vivências, tanto quando estão encarnados como desencarnados. Todo o roteiro desse filme ininterrupto está guardado em seu inconsciente espiritual, mente não física, sendo que o cérebro físico abriga uma parte infinitamente pequena, que é o seu consciente atual, quando comparada à enormidade de experiências, sensações, sentimentos e emoções que demarcaram seu psiquismo de profundidade. A preexistência de sua alma formou sua memória perene ao longo das vivências milenares no planeta. Isso quando não vivenciaram experiências em outros planetas, o que o Universo oportuniza a todos.

Muitos dos estados doentios que são classificados como de causas ocultas derivam dos refolhos da própria individualidade. Ansiedades, depressões, transtornos compulsivos, esquizofrenias, enfim, as psicopatias nas suas variadas etiologias são como dardos jogados do inconsciente, a mente não física, para o consciente, parte da mente abrigada no órgão cerebral e que não experimentou as vidas transatas do Espírito milenar que impulsiona ambos, inconsciente e consciente, que formam ininterruptamente sua memória integral. Devem considerar que isso é comum a todos, sendo o que determina as diferenças de personalidades, impulsos, predisposições, tão bem observáveis em filhos criados igualmente por pais zelosos, mas que se apresentam distintos em suas manias e peculiaridades comportamentais.

Infelizmente, ainda prepondera o processo de "interferência" catártica do inconsciente, espécie de expurgo das impurezas existenciais pregressas, ao invés das ressonâncias vibratórias positivas, harmoniosas e benfazejas. Essa situação "anômala" se instala pela imoralidade de muitos terrícolas. Uma grande parcela da comunidade encarnada se vê aturdida por *insights* desagradáveis, aparentemente inexplicáveis e taxados de exagero de imaginação pela medicina convencional e mecanicista. São pavores sem causa aparente, pânicos e fobias que se instalam, insônias, raivas e toda sorte de situações tormentosas que envolvem os escafandros do psiquismo, que terminam por desestruturar o equilíbrio existencial do ser, quando não se instala a ausência mental da vida social à sua volta, quadros de histeria e comportamentos violentos que requerem isolamento pelo destrambelho do sistema nervoso. São *flashs* ideoplásticos de vidas passadas que se apoderam da mente consciencial, a cerebração física, se "apropriando" das sinapses nervosas e da rede neuronal por intermédio das "correntes mentais parasitas autoinduzidas".

O fato de médiuns considerarem que tudo é Espírito nos trabalhos socorristas desobsessivos demonstra a urgência de se tornarem mais ativos nas experimentações psíquicas e mediúnicas. Não que esse fato em si seja preponderante para o socorro do "lado de cá", mas, sim, pela importância de sua contínua evolução, que não deve estar engessada, como doente imobilizado por ataduras que não consegue alimentar-se por iniciativa própria. Como dissemos alhures, os homens não poderão negar suas potencialidades psíquicas, recursos válidos para socorrer, curar e liberar as consciências do aguilhão da dor e do sofrimento, mantendo indefinidamente os Espíritos desencarnados responsáveis por tudo, numa atitude de passividade temerosa.

Na verdade, são complexas e de difícil percepção para vocês todas essas peculiaridades relacionadas ao psiquismo dos Espíritos imortais, o que reforça a necessidade de aprofundamento das experimentações anímico-mediúnicas, ao contrário do que está ocorrendo em muitas agremiações que estão acomodadas há décadas num mesmo modelo de trabalho. Essas situações de dor e sofrimento tendem a se tornar cada vez mais complexas se não há o tratamento adequado, advindo o enredamento de vários cidadãos, encarnados e desencarnados, num mesmo cenário desequilibrante. Podem concluir que o fato de serem anímicas ou mediúnicas as manifestações, nos trabalhos socorristas de desobsessão, é uma preocupação menor diante da urgência do alento curativo que se impõe àqueles que procuram esses agrupamentos em busca do alívio para seus males.

Quanto à Apometria ser de "terminologia de difícil entendimento" para alguns, repetindo, isso demonstra a repulsa diante do "novo", pelo receio desmesurado de se verem sem a "posse" do conhecimento atual. Estrutura-se a cognição desses irmãos em bases cômodas, como rara joia em armário intocável, mas em que a madeira está embolorada pela falta de asseio da luz do Sol que não adentra os escuros cômodos, atacados pelas traças famintas da preguiça mental.

O que são as "correntes mentais parasitas autoinduzidas"?

É como se abrisse uma porta para o passado remoto. Adentrarão no território da memória consciente, da atual personalidade encarnada, cenários ideoplásticos de experiências traumáticas de outrora, que chegam como ferrenho cobrador de algo não resolvido pelo Espírito imortal. É um processo contínuo, como se fosse dínamo que alimenta campo magnético que se instala. Pouco a pouco, independentemente de induções espirituais externas com repercussões vibratórias de Espíritos sofredores, sofre o cidadão desequilíbrio psíquico sem causa aparente na vida atual.

Essas rememorações traumatizantes, partes de encarnações anteriores, podem se instalar como sensações desarmônicas, desagradáveis, que vão se intensificando gradativamente, sem a necessidade precípua de haver "sonhos" ou imagens traumáticas que refulgem conscientemente. Na maioria das vezes, ocorrem sem a noção exata do que está havendo, situação comum pelo discernimento restrito e pela falta de autoconhecimento dos homens.

Solicitamos que faça uma demonstração de um caso de transtorno anímico, denominado de "correntes mentais parasitas autoinduzidas".

Um encarnado vivencia uma morte abrupta em existência pregressa, em que se viu, após um ato traiçoeiro de envenenamento, retido no corpo físico enrijecido sem poder se movimentar. Escuta, como se não tivesse morrido, o relato sarcástico dos autores do crime hediondo lançado contra ele. Essa situação de aflição e de desespero que o leva a um estado de loucura, marca em seu psiquismo um pavor terrificante das diversas situações de desencarne do mundo físico. Por um mecanismo de ressonância vibratória com essa vida passada traumatizante, em encarnação futura se vê diante do pânico da morte sem causa aparente e evita se alimentar, por causa do transtorno acarretado pelas correntes mentais parasitas que o seu próprio inconsciente dispara, agravando-se a depressão, a ansiedade, a insônia, se instalando o desarranjo do sistema nervoso. Ininterruptamente, sente nas entranhas as sensações passadas, "vendo-se" morto, imobilizado, escutando a conversa tenebrosa dos assassinos que o mataram com eficaz veneno, com minúcias de sadismo e ironia.

Esse tipo de fenômeno se instala isoladamente ou pode vir acompanhado de outros distúrbios?

Não raro, se manifesta acompanhado de outros fenômenos, podendo reavivar diversos quadros traumáticos de vidas passadas por semelhanças com a atual, como comporta de uma represa que se abre, intensificando o fulcro gerador dos distúrbios. Imaginem um quadro gripal. Esse é o diagnóstico principal que vem acompanhado de sintomas secundários: febre, dor de cabeça, indisposição, falta de apetite, dores gerais, obstrução nasal. Isso quando não se vê o paciente com outras perturbações de diagnose diferente, mas que têm atuação sinérgica com a gripe, como as inflamações das vias aéreas: rinofaringites, traqueobronquites e laringites.

Voltando às síndromes e aos fenômenos anímico-espirituais, o indivíduo pode ter recordações tormentosas e fragmentárias de outras encarnações, com mortes abruptas e violentas, que começam a se abrir pelo seu desequilíbrio emotivo. Aliado ao fato de proceder à sintonia com outras mentes, pela similaridade de pensamentos, podem se fazer presentes Espíritos sofredores na mesma condição de desequilíbrio mental, quando não se "mostram" à vista ferrenhos adversários do passado remoto para se aproveitarem da desdita de todos diante desse novelo enfermiço. Agrava-se o mal-estar, a angústia e os estados de perturbação, quando não sobrevêm núcleos obsessivos pela mediunidade reprimida e em desequilíbrio, que pode até levar o enfermo a uma desistência reencarnatória com suicídio indireto.

Desajuste e desistência reencarnatória são a mesma "síndrome"?

Toda a desistência é um desajuste do indivíduo diante da vida, mas nem todos os desajustes geram desistências reencarnatórias. Uma mulher de beleza exuberante, dominadora e que abusou do poder sexual com que envolvia os homens, quando reencarna para retificação de conduta como homem, mas no seu interior lateja a mulher bela e pujante de outrora, normalmente tem um período de desajustamento reencarnatório, de dissonância com a sua nova existência. Caso haja uma acomodação que a leve a se aceitar como homem, mas sem estabelecer laços afetivos com o sexo oposto ou numa postura homossexual, ambas as situações não caracterizam desistência reencarnatória, o que não quer dizer harmonia existencial, pois os desequilibrados lamentavelmente se acostumam com seus tormentos internos até o ponto em que haja uma retificação cármica que os coloque novamente no trilho ascensional, o que pode ocorrer em encarnações futuras.

As desistências reencarnatórias, geralmente, se dão inconscientemente, como o envenenado de ontem que no hoje não quer se alimentar, ou o monge recluso de mosteiro medieval que na atualidade se isola socialmente de tudo e de todos, desenvolvendo uma inação ante as situações comezinhas da vida, que, aos poucos, o vai conduzindo à vontade inconsciente de suicídio, por meio de pensamentos mórbidos recorrentes.

O que é mediunidade reprimida?
É a mediunidade que está aflorada plenamente, mas não disciplinada. Muitas vezes, o médium tem conhecimento do seu compromisso com a mediunidade, mas, infelizmente, por uma conduta escapista diante dos compromissos com o Além, integra uma parcela significativa de encarnados desequilibrados psiquicamente, com manias compulsivas, condutas anormais e estados alucinatórios. As capacidades mediúnicas ficam abertas, mas represadas, destituídas de educação e exercício continuado, o que leva o medianeiro a ser um rádio receptor manipulado por mãos que o "obrigarão" a sintonizar todas as estações a pleno volume, deixando-o extenuado e esgotado mentalmente pelo seu próprio descontrole.

Podemos afirmar que essas situações rememorativas traumatizantes são como alicerces atávicos que afetam todos os homens? Essas impressões e "imagens" atemporais irrompidas do íntimo dos seres integrais que somos todos nós, Espíritos, e ainda desconhecidas da medicina convencional são, de alguma forma, "aproveitadas" intencionalmente nos processos obsessivos pelos magos negros?
Os alicerces atávicos da alma afetam a todos, positivamente ou não. Em relação às obsessões, é de bom alvitre salientar que os transtornos anímicos auto-obsessivos, na maior parte das vezes, antecedem as imantações com agentes espirituais externos. Disso podem concluir que a cura de todos os males está no íntimo de cada ser, e o obsediado é o maior algoz de si mesmo, pois os seus próprios pensamentos e as suas ideações são os gatilhos que disparam as armas das mazelas. Primeiro, em prejuízo próprio, pelas portas escancaradas da invigilância e imprudência existencial de muitas eras; segundo, pela afinidade de interesses desditosos com

comparsas de antigamente, de desmandos e atitudes cruentas com os semelhantes; e terceiro, porque cabe unicamente ao objeto da obsessão a cura definitiva dos males que o afligem. Ou seja, se houvesse somente o esclarecimento ou o afastamento do carrasco obsessor e não se alterasse a condição vibratória do alvo dos seus ataques, eis que rapidamente outro desafeto se instalaria à frente do obsediado.

De todo modo, é comum nesses casos a imantação sintônica de Espíritos sofredores em mesma faixa de frequência dementada, que "colam" nos encarnados por semelhança de correntes mentais enfermiças e fatos traumatizantes do passado remoto. Nesses casos, o quadro mórbido se intensifica e aumentam rapidamente os laços de imantação com o Espírito sofredor, obsessor indireto, não intencional, multiplicando o tormento do encarnado, suas sensações, emoções e sentimentos em desalinho.

Quanto aos alicerces atávicos que jazem em todos vocês, realmente os planejadores das obsessões os utilizam ao máximo possível. Querem destruir suas vítimas; fazê-las sofrer de todas as maneiras, desde técnicas de desdobramento magnético do encarnado, durante o sono físico, levando-os a locais altamente deletérios, intensificando a turvação mental em que se encontram, estimulando novamente a memória para as situações destrutivas e traumáticas do passado remoto. Vocês são frágeis, na maioria, diante desses ataques das sombras, mas são os maiores responsáveis por essas intoxicações enfermiças. Não vamos nos alongar em exemplos de condutas inadequadas que disparam essas disposições mórbidas que ainda latejam na existência atual. Contudo, ressaltamos a importância da higienização mental, que deve ser acompanhada de atitudes práticas que corroborem a mudança de uma vida melhor, em que os valores de amor e perdão do Evangelho do Cristo são a conduta mais segura.

Reflitam quanto ao que pensam e saberão com quem andam.

5
Aparelhos parasitas e magia negra

Ramatís responde

Explique-nos sobre os aparelhos parasitas que são colocados no sistema nervoso etérico, num processo de magia negra, causando doenças. No caso das doenças mentais, que tipo de aparelhos seriam colocados na "vítima" e em que corpo?

Nem todo aparelho parasita implantado nos corpos etéricos dos encarnados enfermiços, dementados, com alienação geral e outras sintomatologias graves faz parte dos processos de magia negra. No mais das vezes, são decorrência da mais pura tecnologia, que está em estágio mais avançado no Plano Astral e nas organizações trevosas que habitam a subcrosta terrestre do que entre os terrícolas encarnados. As comunidades do umbral inferior têm recursos tecnológicos, inclusive com centros de pesquisas, engenheiros, físicos, bioquímicos e os mais variados cientistas que o mal pode arregimentar.

Uma das técnicas obsessivas mais "refinadas" e que dificulta sobremaneira os atendimentos desobsessivos "tradicionais", nas quais "somente" a preleção evangélica como ferramenta de esclarecimento prepondera, é a implantação de aparelhos parasitas no sistema nervoso etérico dos obsediados. Essas pequenas engenhosidades tecnológicas podem ser colocadas no bulbo, no cerebelo, nos lobos frontais, na medula espinhal, entre outros locais físicos, relacionados com o psiquismo do ser. Geralmente, têm dispositivo eletroeletrônico com a finalidade de interferir nas sinapses nervosas. Disparam-nas os sentimentos negativos de vaidade, ódio, ciúme, concupiscência, causando verdadeiros curtos-circuitos nas redes sinápticas, dores de cabeça terríveis e os mais variados distúrbios psicobiológicos, quando desestabilizam os chacras e as glândulas correspondentes a esses centros energéticos, intensificando os quadros mórbidos pela interferência no metabolismo hormonal, daí advindo as doenças mais variadas.

Os mecanismos que "ativam" o funcionamento desses aparelhos estão ligados aos pensamentos mais profundos e, inevitavelmente, oriundos do inconsciente milenar e de ressonâncias de vidas passadas, que estabelecem o fulcro gerador das emoções debilitantes do ser na presente encarnação. Por si sós, são inofensivos naquelas pessoas em que se faz valer o velho aforismo popular: "Em cuidado e arado jardim, o inço e as ervas daninhas não crescem". Ou seja, o mal só se instala onde encontra terreno fértil.

Há comprometimento com a magia negra nas doenças mentais?
Pode haver comprometimento com a terrível magia negra em quase todas as doenças e enfermidades que afligem o homem hodierno. Inquestionavelmente, vários campos de baixíssima vibração, quando habilmente manipulados por magos negros experientes na movimentação das energias mais telúricas do planeta, contribuem para intensificar e criar modificações estruturais no complexo físico, etérico e astral, produzindo novos quadros doentios no organismo. Isso se consegue interferindo na frequência vibracional do alvo visado, que, por imoralidade ou invigilância, tem várias janelas abertas para as imantações deletérias.

Em especial, a casa mental se apresenta como um vasto território fértil para essas ações nefastas da magia negra, intensificando-se os transtornos anímicos auto-obsessivos, ocasionando tormentos psicológicos, desajustes existenciais, inseguranças pessoais e irritabilidades violentas, podendo transformar-se em desordens complexas, como fobias, síndromes diversas, depressões, esquizofrenias e obsessões compulsivas. É importante compreender que o gatilho que dispara todos esses processos enfermiços que envolvem o psiquismo de profundidade é fruto do inconsciente milenar e tem ressonâncias de vidas passadas em sua maioria, espécies de *plugs* que ligam a tomada que alimentará os "monstros" das situações traumáticas outrora não resolvidas na caminhada imorredoura do ser, por isso seria algo simplório responsabilizar o ato magístico em si como gerador de todos os desequilíbrios.

Pode descrever-nos o que é magia negra? Alguns confrades dizem que isso não existe.
É possível praticar a mais nefasta magia negra pela simples força de seus pensamentos, sem necessidade de condensadores, objetos imantados ou catalisadores no plano físico. Basta que profiram uma prece ardente, em que no âmago do desejo que a mova esteja o desrespeito ao livre-arbítrio daquele para quem está direcionada a rogativa, como o fazem algumas matriarcas para com seus filhos "indefesos" nas mãos das moçoilas casadoiras, rogando ardentemente aos "santos" e "mentores" o afastamento da "aproveitadora" em defesa do bem-estar e proteção da prole. A prática da magia negra pode se dar nas mínimas emanações mentais pelo próprio magnetismo envolvido.

Lembrem-se sempre que aquilo que parece o melhor para vocês nem sempre o é para o seu semelhante. Nesse sentido, ficariam estarrecidos se pudessem ver do "lado de cá" a enormidade de "feiticeiros" e "magos negros" encarnados que oram ardorosamente em templos, igrejas, centros e terreiros da Terra, em desrespeito ao livre-arbítrio e merecimento do próximo, que praticariam os mais funestos enfeitiçamentos mentais se esses locais não fossem consagrados ou falhasse a cobertura espiritual benfeitora do "lado de cá".

Na maioria das vezes, a rejeição aos instrumentos palpáveis da magia negra, como os utilizados em feitiços, bruxarias e sortilégios, levada a efeito por alguns confrades, se deve mais ao preconceito para com a forma funesta com que essas dinamizações energéticas e combinações fluídicas são direcionadas aos alvos visados vibratoriamente do que aos princípios cósmicos dessas manipulações. Saibam que a terapia da água fluídica e dos passes magnéticos tem em si os mesmos fundamentos dos enfeitiçamentos, com a diferença que esses tipos de encantamentos invocatórios são utilizados para o bem. A magia em si não é maldosa. É o instinto inferior dos homens, tirando proveito próprio das dinamizações das energias eterizadas da natureza, por meio de objetos e seres vivos, que faz essas incongruências se perpetuarem.

Ficamos confusos. Quem pratica o Evangelho e tem uma moral elevada não se encontra imune a algo tão nefasto?
Sem dúvida, os ensinamentos do Cristo são de inestimável valia para as defesas vibratórias da alma. Contudo, a fragilidade vibratória dos homens não se circunscreve somente ao campo interno de cada criatura. Quantos pais de família se desesperam diante de um filho drogado? E o patrão sovina e déspota que exige que despeçam injustamente o subalterno que têm em alto valor? E a esposa que desacredita dos ensinamentos evangélicos e se deixa conduzir pela volúpia insaciável?

São muitos os enredos cármicos daqueles que não estão sós no cadinho da vida carnal, o que demonstra ser presunção considerar-se imune individualmente aos ataques das sombras, desde que basta um ser amado em desespero para que vocês rebaixem as barreiras vibratórias e fraquejem os alicerces do Evangelho interiorizado. Quantos de vocês correm para a benzedeira da vizinhança ou ao "temido" terreiro de Umbanda quando têm nos braços um filho desenganado pelos médicos terrenos?

Os escaninhos explorados pelas trevas nos desmandos da terrível magia negra são tantos que vocês nunca devem se colocarem como inatingíveis. Ademais, a maioria dos indivíduos, por serem carnívoros, alimentam-se de sangue dos irmãos menores do orbe, o que, sob o guante da lei "semelhante atrai semelhante", cria o disparate de se exporem diante de um grosseiro enfeitiçamento como a degola de ave ou outro animal que ofereça o fluido ectoplásmico contido no sangue quente derramado, executado com desenvoltura por macumbeiros de aluguel que enxameiam nos grandes centros urbanos ávidos pelas moedas. Com uma simples evocação do nome e endereço do encarnado visado, encontrarão em sua aura o endereçamento vibratório suficiente para que o feitiço "pegue" por afinidade, visto que seu complexo energético está poluído e receptivo a esse tipo de carga deletéria, que o fará entrar em rápido abatimento enfermiço sem explicação aparente da medicina.

Solicitamos maiores considerações sobre como se realizam as induções de campos vibratórios negativos sobre encarnados.

Por afinidade, pois semelhante atrai semelhante. Os magos negros estudam pormenorizadamente a brecha vibratória para que consigam imantar campo vibratório de baixíssima frequência naqueles que são o objeto da sua ação nefasta. Na obra *Magia de redenção*, psicografada pelo médium Hercílio Maes, já discutimos os instrumentos de enfeitiçamento. Não detalharemos a manipulação dos instrumentos de enfeitiçamento em si, que nada mais são do que recursos catalisadores para a manipulação das energias deletérias envolvidas no ato magístico, visando à implantação dos campos magnéticos densos e enfermiços em encarnados.

O mais nefasto desses processos são as turbas de Espíritos sofredores e em péssimo estado mental que se aligeiram sofregamente para se verem satisfeitos em seus desejos desequilibrados de sexo, comida, álcool, drogas e das sensações mais rasteiras. Nesse sentido, atendem aos "pedidos" e às "encomendas" dos encarnados encaminhados ao mago negro, enfrentando tudo que se mostrar contrário às ações, pois almejam sucesso nas incumbências de vingança de desafetos: derrubar concorrentes, dementar esposa infiel, conquistar colega sensual de trabalho, ganhar no jogo, conseguir a promoção almejada, imobilizando o colega preferido, entre tantos outros exemplos. Os efeitos rápidos e maléficos são tanto maiores quanto mais defeitos e imperfeições de moral tiver o alvo visado da ação magística.

Quais são os fundamentos dos campos vibratórios?

A natureza é fonte inesgotável de energias para a vida de todas as criaturas. As religiões do Oriente, como o hinduísmo, o budismo e o taoísmo, afora todos os cultos indígenas e africanistas de que se tem conhecimento, sempre tiveram como fonte catalisadora de energias benfazejas os sítios vibracionais localizados em matas, rios, mares e cachoeiras. As vibrações cósmicas emanadas dos Orixás são recepcionadas por esses locais não profanados pelo homem e intensificadas pelos Espíritos da natureza que vivem nessas energias elementais, chamados de gnomos, duendes salamandras, ondinas e silfos. Esses campos vibratórios são naturais, por isso, por meio de catalisadores e condensadores apropriados, os médiuns magistas, com o auxílio dos bons Espíritos, sempre manipularam essas concentrações vibratórias para o bem e a cura.

Ocorre que os homens, em seus desmandos vaidosos e egoístas, na busca da satisfação dos intentos mais sórdidos, distorceram os encantamentos e a magia usada para o amparo curativo. A partir da interferência mental maléfica, escravizam os Espíritos da natureza e manipulam essas energias distorcidamente. Considerem os conluios de interesses desditosos com as sombras do Além e tenham a mais pérfida magia negra instalada na Terra desde os idos da antiga Atlântida.

Todos os processos de magia negra são obsessões?
A maioria dos processos de magia negra são para atender aos interesses imediatos dos encarnados, algo que não está relacionado com processos obsessivos em si, salvo os obsessores de aluguel que se aglutinam sob o mando dos magos negros contratados pelos médiuns macumbeiros, que podem se apresentar tão destrutivos quanto o mais ferrenho e milenar desafeto de outrora.

Quanto às obsessões milenares, de várias encarnações de desavenças entre encarnado e desencarnado, têm resquícios de iniciações magísticas de vidas passadas que ainda vibram etericamente e apresentam ressonâncias vibratórias, em que algoz e perseguido já se locupletaram em seus desmandos sensórios por meio das ferramentas da magia negra em tempos remotos. Esse tipo de obsessão, com iniciações de magia negra em passado remoto, se mostra terrível pelos fortes laços de imantação estabelecidos. São aqueles seres em que o feitiço pega terrivelmente pelo mais singelo motivo, às vezes pelo simples fato de existirem.

A magia negra pode perdurar além do tempo como nós o conhecemos, pelas encarnações, mas também pode ser feita na atual? Neste último caso, se creditaria a isso os enlouquecimentos?

Os rituais de iniciação de magia em diversas encarnações causam na vibração do corpo astral profundas injunções pelo evo dos tempos. Observem alguns médiuns que têm extrema facilidade de sintonia com os antros de magia negra do Além. O inconsciente do ser reverbera por toda a eternidade, pois é único, independendo da roupagem carnal materializada num interregno reencarnatório. Sendo assim, a percepção espaço-temporal não se limita à dimensão física. Dessa forma, e de acordo com as leis de causalidade que regem a harmonia cósmica, toda ação gera um fluxo de reação, atemporal, e que repercute na vida do Espírito encarnado pelas ressonâncias do eu mais profundo que é o Espírito eterno.

Quanto às interferências de processos de magia negra na vida atual sobre um ente enlouquecido, saibam que no mais das vezes não é a magia ou feitiço em si que gera a dementação, mas, sim, a predisposição do ser, que está de acordo com o conjunto de suas vivências. É um continuado processo de vislumbres ideoplásticos de situações de vidas passadas, em que o cérebro físico, não tendo experienciado essas situações, não possui "recordação" no consciente, mas uma corrente de pensamentos mórbidos inconscientes, em tráfego contínuo e ininterrupto das camadas mais distantes da superfície consciencial, transforma-se em sérios transtornos anímicos, desajustes reencarnatórios e os mais graves desequilíbrios. Essas ressonâncias com o passado conflituoso e traumático ocasionam sintonias com antigos comparsas, Espíritos sofredores em mesma faixa mental que pararam no tempo em verdadeiros bolsões no umbral inferior, desenvolvendo as induções obsessivas que intensificarão uma sucessão de estados atormentados e enlouquecedores.

Em que circunstâncias se escolhem as formas dos campos de força vibrados durante os trabalhos de Apometria? Por que ora ele é piramidal, ora cilíndrico ou cônico?

A Geometria é uma ciência com princípios matemáticos perfeitos no Cosmo. As civilizações mais antigas e remotas da Terra, desde os idos da velha Atlântida, já se mostravam exímias na formação de campos magnéticos. É infinito o reservatório de energias no Cosmo, e a mente pode perfeitamente manipulá-las por meio de formas geométricas, condensando e dando movimento aos campos de forças etéricos.

As configurações espaciais que o fluido cósmico assume nesses campos têm importância fundamental dependendo da finalidade dos trabalhos que se está realizando. As formas piramidais são as mais indicadas para envolvimento e retenção de grupos de Espíritos sofredores nas atividades socorristas. Os cilindros e cones são excelentes para proteção, limpeza astral e transmutação de fluidos enfermiços, morbos psíquicos e formas-pensamento altamente destrutivas. A forma geométrica de uma estrela de Davi, que são dois triângulos equiláteros sobrepostos, com os vértices contrários, tendo seis pontas, quando por impulso mental e verbal de médium treinado, forma-se etericamente e, girando em sentido anti-horário, criará intenso e "perfeito" campo de força para higienização e limpeza astral. Os campos triangulares também são recomendados para contenção, mas os piramidais são mais efetivos por serem tetraédricos, facilitando os deslocamentos multidimensionais de grupos de Espíritos sofredores resgatados.

Parte 2
Mironga de Preta(o) Velha(o)

6
Caridade socorrista

Vovó Maria Conga responde

O que é mironga de Preta(o) Velha(o)?
É magia branca nas suas mais variadas aplicações cósmicas com a finalidade de cura. É conhecimento milenar dos velhos magos de outrora, iniciados e sacerdotes das coisas místicas e ocultas de todos os tempos, que aplicam a alquimia astral para mudança dos estados de energia nos mais diversos planos, dimensões e densidades de manifestação da vida e do Espírito imortal, com a finalidade única de caridade socorrista, trazendo alento e conforto aos sofredores de todas as espécies. A mironga é feita sem alarde, com humildade e serventia ao próximo, pelo amor aos filhos da Terra e do Além que perambulam inconscientes.

Tornou-se de senso comum entre os filhos que aquilo que cura e não se sabe o que ou quem fez é mironga de preto(a) velho(a), mas é só uma maneira de denominarem a nossa característica de trabalho, que é de anonimato. Só se "fala" e se transmite o que foi feito quando o ser precisa refletir no mal que o aflige e mudar a sua postura mental. Para fazermos mironga, utilizamos as energias elementais dos quatro elementos – terra, ar, fogo e água – e dos Espíritos da natureza – duendes, silfos, salamandras e ondinas –, ligados aos sítios vibracionais que lhes são afins, e os mais variados catalisadores, juntamente com aparelhos encarnados para agirmos no plano da Terra, material.

O que são energias elementais, formas-pensamento elementares e Espíritos da natureza?

Energias elementais são as ligadas aos sítios vibracionais relacionados aos quatro elementos: ar, terra, fogo e água. Nessas energias, numa mesma faixa de frequência, estagiam os Espíritos da natureza: silfos, duendes, salamandras e ondinas, erroneamente confundidos com as próprias energias elementais. As formas-pensamento elementares estão à volta dos homens, densas e pegajosas, enfermiças, em decorrência dos pensamentos continuamente emitidos e da baixa condição moral. Essas concentrações fluídicas que vagueiam, pesadas, em volta dos filhos, são transmutadas pelos Espíritos da natureza sob o nosso comando mental, retornando aos recantos da natureza que lhes são próprios por intermédio do aparelho mediúnico, que, com seus fluidos animalizados, funcionam como eficaz exaustor.

Solicitamos à veneranda irmã que nos fale um pouco de si, no intuito de situar melhor o leitor espiritualista, menos afeito à Umbanda, egrégora em que é mais conhecida.

Saúdo os filhos de todas as crenças terrenas nas suas mais variadas manifestações. Serei concisa, pois não gosto de falar de mim, sou discreta servidora da caridade anônima. Se há um nome e uma forma astral de apresentação aos homens (neste caso, uma combalida vovó, Preta Velha septuagenária, curvada no débil corpo de ossos carcomidos), é exatamente pela necessidade de exemplificação de humildade aos homens, nada mais. O corpo físico que foi vestimenta fugaz e lentamente se foi finando diante dos anos serviu de meio imprescindível ao fortalecimento do ser imortal para o festim de libertação do presídio das posses ilusórias na matéria, da prepotência e do egoísmo humano.

Sou um Espírito comprometido com o amparo das criaturas sofredoras e doentes que procuram o alívio e a cura dos males que as afligem. Ligo-me a Ramatís desde remotas eras, encontro que se deu em outro planeta do Universo. Vim juntamente com esse irmão para esta Terra dos homens e, há algumas décadas de milhares de anos, estamos cá, desde os Templos da Luz da velha Atlântida, já tendo reencarnado várias vezes, compromisso de mergulho na carne de que estou dispensada neste orbe, mas que não me isenta de continuar evoluindo com os homens.

O fato de um Espírito não precisar mais reencarnar não significa que seja perfeito ou um facho de Luz proveniente de locais elevados que ofusca os olhos dos encarnados. Ao contrário, pelo pouco alcançado de amor ao próximo, aumentam em muito as obrigações de auxílio para com aqueles retidos na carne e, no nosso caso, também aos aflitos que transitam pelos vários recantos do que vocês chamam de umbral inferior.

Para nós são buracos largos, áridos, escuros e profundos, com vastos habitantes: vermes, répteis, animais putrefatos, seres que já foram homens na crosta se apresentando com sérias deformações em seus corpos astrais, em formatos de animais, lobos andrajosos, ursos com garras, macacos peludos, ou ainda como seres patibulares de faces cadavéricas, de olhos injetados, com patas no lugar de pés e mãos, de estiletes pontiagudos no lugar de unhas; todos "homens" desencarnados a perambular em bandos rastejantes, fétidos e deformados, que emitem incessantes uivos animalescos de rancores e lamentos dolorosos. As desfigurações e as loucuras dessas mentes desencarnadas sustentam o império dos "lucíferes", entidades poderosas que realmente acreditam ser o próprio diabo a comandar em perpétuas torturas suas legiões infernais, a servirem no mal e na magia negativa os homens encarnados da crosta do planeta. É um escambo fluídico de larga disseminação nessas regiões, onde os pensamentos dos dois planos da vida jungem-se irremediavelmente pela semelhança de interesses desditosos.

Nasci em encarnação passada no Brasil como simples filha de escravos vindos da região do Congo, situada na África, e fui alfabetizada e catequizada na religião católica. Íamos à missa todos os domingos, mas desde menina, quase que diariamente, na penumbra da senzala, como curiosa aprendiz, relembrava, pela prática com velho feiticeiro da nossa tribo, os rituais de magia do antigo Congo do Oriente, que jaziam em meu inconsciente de longa data, encontros em que esses conhecimentos me foram repassados oralmente e renasceram por anos a fio.

Tinha livre trânsito, mas era escrava igual a todos. Não cheguei a sentir no dorso as chicotadas dos capatazes da fazenda, pois era muito querida da sinhá e do sinhô, a ponto de ter sido mãe de leite de seus filhos. Meu sofrimento foi no âmago da alma, causado pelas muitas mortes ocorridas em meu colo dos irmãos de cor, vários nascidos em meus braços de parteira; todos negros, surrados diariamente em nome do feitor, embaixo de cortante chibata. Muito curei as feridas dos irmãos torturados aos pés dos troncos e dos formigueiros, pois era exímia conhecedora de ervas e fazia simpatias e benzeduras que aprendi com as escravas mais antigas.

Fui abadessa na Idade Média* em espécie de hospital católico na Espanha do século XIII, momento terrível da Inquisição. A Igreja era fortemente contrária a todas as crenças, e os hereges eram perseguidos em nome do Cordeiro. O povo oprimido e ignorante jogava-se aos nossos pés em busca de proteção. Muitas crianças ficaram órfãs. Todas as mulheres e homens que conhecessem ervas e realizassem curas deveriam ser conduzidos e julgados pelos tribunais santos. Os infiéis eram sumariamente

---

* Este Guia amoroso, Vovó Maria Conga, também se mostra em corpo astral como uma freira, ocasiões em que se apresenta com um grande livro nas mãos. Nessas oportunidades, reassume a personalidade da sua encarnação como abadessa na Espanha do século XIII, denominando-se madre Maria de Las Mercês. O livro nas mãos é para escrevermos as experiências que estão sendo vivenciadas no Grupo de Umbanda e Apometria da Casa do Jardim, da qual é uma das coordenadoras espirituais desde sua fundação, há muitos anos, juntamente com a entidade indiana Nahum, ambas se reportando a um conselho mentor de cinco mestres do Oriente, que raramente trabalham em corpo astral. Essa Preta Velha, humilde e laboriosa, ainda se mostra como uma menina entre cinco e sete anos, com lindo vestido rosado, com grande nó amarrado à frente e de longas tranças loiras, chamando-se nesses momentos de Chiquinha, atuando na magia como uma entidade do Orixá Yori. Relata-nos que foi bastante feliz nessa encarnação de criança, a qual muito lhe marcou por ter sido a última na longa caminhada de libertação do ciclo carnal, embora tenha ocorrido um desencarne repentino, mas sem sofrimento, por volta da idade em que se deixa ver.

queimados. Até mesmo saber ler podia ser indício de feitiçaria, e qualquer manuscrito estranho às escrituras sagradas era considerado diabólico. Por receio de possíveis retaliações do clero ameaçador, o qual nos alertava constantemente para a possibilidade de perda dos confortos e das mordomias da abadia se houvesse quaisquer suspeitas de socorro aos inquiridos, deixamos de atender vários irmãos que bateram à nossa porta, chagados pelos suplícios infligidos.

Não fizemos o mal, mas deixamos de praticar o bem da caridade cristã que tanto alardeávamos no meio religioso. Vários dos cruéis e orgulhosos inquisidores espanhóis abriguei nos braços como recém-nascidos ou escravos torturados em chão brasileiro e, com os conhecimentos de magia, de ervas, das simpatias e benzeduras, resgatei o descaso de outrora.

Não é verdade que sou mais conhecida na Umbanda, egrégora em que me apresento como Preta Velha, pois também trabalho no kardecismo como freira versada em assuntos da psicologia humana, nos comunicando do Além pela escrita, entre outras atividades do mediunismo.

Somente para situar os homens tão carentes dessas referências é que moldamos nosso corpo astral de conformidade com suas consciências, hábitos, raças e costumes sociais, obtendo assim maior aceitação da caridade socorrista e esclarecedora em todos os meios terrenos. No entanto, de nenhuma forma somos superiores a quaisquer servidores do Cristo-Jesus. Essas distinções e diferenças não têm a menor importância, pois o que nos rege é o amor, o combustível cósmico que movimenta a grande Fraternidade Branca Universal.

Nos locais em que tem comprometimento de auxílio e que descreve como umbral inferior, com legiões comandadas por líderes diabólicos, estas nos parecem mais uma turba perdida e sem comando. A predominância de um império, seja no bem ou no mal, requer comando, autoridade e disciplina. Esses cenários nos parecem algo contraditório a tais princípios. O que pode nos falar a respeito?

Nos locais descritos existem cavernas em espécie de subsolo úmido e pegajoso, como se fossem charcos fervendo emanando continuamente vapores sulfurosos. Nesses pontos ficam guarnecendo os "lucíferes", "diabos" do Além, controlando suas cidadelas de aparente desorganização.

Muitos desses líderes são antigos sacerdotes católicos revoltados com a Providência Divina, visto que não alcançaram o Céu prometido. Adotam as técnicas de mando e de tortura utilizadas na Inquisição e, por um mecanismo de indução mental, transformam seus corpos astrais em assustadores demônios com chifres, asas, tridente, capa vermelha, pernas e pés de equinos para difundir o medo e o pavor à sua volta como método de impor a autoridade e o mando.

Desses esconderijos secretos imaginam todos os rituais macabros de sacrifícios animais que pedirão aos encarnados para satisfazerem seus pedidos, com frio planejamento vampirizador e obsessivo sobre aqueles a serem atingidos pela desventura. Com os fluidos animais obtidos em tais sacrifícios, com o sangue quente cheio de vitalidade ectoplásmica emanada, fortalecem e mantêm seus domínios.

Como se fossem deuses, têm seus enviados para manter a ordem e a disciplina na desordem e no caos das suas legiões. Esses porta-vozes são como eles próprios: insensíveis, bárbaros, egoístas, exigentes e intolerantes. A turba perdida na anarquia se torna fértil para a captura e manutenção de escravos comandados por indução mental coletiva em processo de tortura, poderoso e abrangente. Há uma divisão entre esses líderes, e cada um não se intromete em território do outro, sendo que, muitas vezes, se unem quando os interesses malévolos são comuns.

Obtêm tecnologia, tendo em seus quadros muitos engenheiros, médicos, geneticistas e pesquisadores. Mantêm laboratórios de pesquisas subterrâneos, onde projetam aparelhos que serão colocados no corpo etéreo dos alvos a serem atacados, incautos encarnados e desencarnados que serão ocultamente torturados por esses pequenos engenhos tecnológicos que afetam diretamente o sistema nervoso. Algumas localidades têm veículos para se locomoverem nas regiões umbralinas áridas e irregulares, os quais utilizam para perseguição e aprisionamento desses bandos de dementados que perambulam perdidos. Guardam esses utilitários em pavilhões parecidos com aqueles existentes nos aeroportos dos homens.

Poderia nos explicar melhor os casos em que se apresenta como uma freira nas mesas kardecistas e por que não como uma Preta Velha?

A sabedoria da Providência Divina não se circunscreve aos ideais egoístas dos homens, que criaram todas essas divisões no misticismo com a Espiritualidade, que é única. Não existe uma religião que prepondere no Cosmo, e sim um amor no Universo que a todos une. A motivação básica que nos move nos trabalhos de auxílio socorrista está personificada na Terra na figura de Jesus. Esse mestre nunca deixou de respeitar as raças, os costumes e os hábitos de antanho, embora contrariasse muitos interesses de poderosos.

Um irmão socorrido nos charcos do umbral inferior, na maioria das vezes, precisa de um instante de esclarecimento em contato com fluidos animalizados que um médium oferece, pois está tão fixo em seus desequilíbrios mentais que não nos enxerga. Em análise preliminar de suas encarnações passadas, podemos verificar que esse irmão foi muito ligado ao Catolicismo e às crenças dessa religião. Como resguardamos as consciências, em vez de ser orientado em uma casa de Umbanda, onde se apresentarão muitos silvícolas e Pretos Velhos com suas práticas ligadas aos elementos da natureza, preferimos conduzi-lo para a conversação que lhe é mais familiar. Assim, na mesa espírita, vendo-se no meio de freiras, clérigos, médicos, enfermeiros, literatos e doutores da lei, esse irmão se sente mais à vontade e é mais receptivo ao esclarecimento.

Muitos caciques e Pretos Velhos "transformam-se" em médicos gregos ou egípcios, em túnicas brancas reluzentes, e a todos amparam em nome do amor crístico. Moldamos nossos corpos astrais de acordo com as conveniências da caridade a ser prestada, e muitos Espíritos de médicos considerados muito "elevados" e evoluídos no meio dos homens trabalham anonimamente como humildes pais pretos na Umbanda, pois em encarnação passada assim foram. Não me apresento como uma Preta Velha nas mesas porque meu comprometimento nessa configuração astral é na egrégora de Umbanda. Tais manifestações dos nossos corpos astrais estão de acordo com os homens e suas consciências. Respeitemo-las.

7
Umbanda à luz do Cosmo

Vovó Maria Conga responde

A Umbanda, enquanto expressão de religiosidade, como Espiritualismo em que se pratica o intercâmbio mediúnico com desencarnados, só existe em solo brasileiro. Qual o motivo desse exclusivismo?

Essa situação é condizente com o carma coletivo do Brasil. Essa pátria abrigou em seu fértil solo grande parte dos Espíritos ligados à Inquisição. Inquisidores vieram como escravos, e suas vítimas de outrora, como "donos" da terra, como se retomassem a posse dos bens confiscados. Isso aliado ao fato de o sentimento de religiosidade dos brasileiros ter sido demarcado, como se fosse uma grande colcha de retalhos, pela população indígena aqui presente, e que também foi escravizada e "catequizada" pelo homem branco, juntamente com os ritos africanistas e a cultura católica dos colonizadores portugueses e espanhóis e, mais recentemente, o Espiritismo provindo da França de Kardec.

Fez-se necessário um movimento religioso que abrigasse harmoniosamente todas essas tendências que desaguaram no país, expurgando-se definitivamente o carma negativo gerado pela intolerância e pela perseguição religiosa do "Santo" Ofício inquisitorial. Sendo assim, reuniu-se uma Alta Confraria Branca no Astral Superior, que planejou, com a permissão direta de Jesus, o nascimento da Umbanda no solo dessa pátria chamada Brasil.

Todo esse movimento, aparentemente contraditório na visão transitória dos homens impacientes, é abençoado resgate dos conhecimentos mais antigos, da solidariedade e fraternidade que existiram na Terra de antanho e está contribuindo decisivamente para a formação da mentalidade universalista cristã prevista para se consolidar no futuro.

Podemos afirmar que já existe uma "identidade" umbandista, embora não haja um sistema doutrinário e ritualístico codificado que propicie uniformidade para a Umbanda. Essa identificação não se estende à maioria dos seus adeptos, que não se declaram de fé ou crença umbandista, e sim de outras religiões, principalmente a católica. Por que esse "receio"?

Em todos os povos e sociedades que já se formaram na Terra, têm os filhos registros da utilização da magia. Desde as comunidades mais antigas e tribais, os homens já se reuniam à volta do fogo e, com urros e danças agressivas, se preparavam para a caçada. As forças cósmicas atuavam por meio da criação de formas-pensamento emitidas pelo grupo nesse ritual à volta da fogueira, pois a mente sempre foi e será geradora de magia, que por si só não é boa nem má, porque está ligada à intenção de quem o gerou e não à magia em si, que pode ser valioso instrumento de cura.

Ocorre que o conflito do "sagrado" católico com o profano "herege" das crenças mágicas foi igualmente criado pelos homens em busca do domínio de sua religião sobre as coletividades. Pela ancestralidade divina que vibra em todos, os filhos são por si só agentes mágicos, visto que a mente é um motor gerador de pensamentos que nunca cessa.

A Umbanda lida com a magia, manipula fluidos os mais diversos e forças do Astral, tendo na comunicação com o Além e na chamada mecânica de incorporação os alicerces de sua caridade na Terra. O mediunismo ainda é visto como espécie de "culto de possessão", situação que não se prende somente à Umbanda, pois se estende como um todo àquelas doutrinas e crenças sustentadas pelo exercício da mediunidade.

Muitos dos líderes das religiões que atacam e perseguem o intercâmbio com o Além estão intuídos por magos negros do Astral Inferior e não apresentam sinais visíveis dessa influenciação aos limitados olhos carnais. A Umbanda, por ser a mecânica de incorporação em sessões de caridade feita a portas abertas e para todos que quiserem assistir, infelizmente, ainda fica mais visível para o ataque das sombras.

Não importando a procedência do seu culto, o filho médium, fervoroso em sua crença e dedicado trabalhador da caridade que cura e alenta, na opinião desses perseguidores, se encontrará "possuído pelos demônios" no exercício da abençoada mediunidade. Esse tratamento injusto e cruel das religiões para com a capacidade de comunicação com os Espíritos desencarnados foi marcando o inconsciente dos filhos, causando-lhes excessivo receio ao longo de várias encarnações. Esquecem-se os homens, que têm memória curta diante da perenidade das questões da Espiritualidade, que o mal ou o bem estão em cada um, situação que paira acima das religiões, crenças e doutrinas da Terra e não se subordina diretamente a quaisquer mediunismos.

Rendamos graças a Oxalá, pois cada vez mais essas incompreensões estão se desfazendo. O tempo a todos educará na união e tolerância amorosa que prepondera no Cosmo.

Verificamos um caráter andrógino em muitos chefes de terreiro, pais e mães de santo. Qual o motivo dessa aparência ou modo indefinido no campo sexual? Isso tem importância para a mediunidade?

Se os filhos prestarem mais atenção, a situação relatada não se prende somente ao movimento de Umbanda. Muitos dos líderes atuais, nos quais a mediunidade é ferramenta de amparo e socorro, recaem em condicionamentos milenares, pois a maioria já esteve ligada ao sacerdócio em mais de uma religião terrena, vivências que os levaram a virar as costas para o "profano" dos simples mortais e se voltarem exclusivamente para as coisas espirituais e internas dos templos. O sexo, visto como feio e pecaminoso, foi reprimido em suas polaridades que demarcam o feminino e o masculino dos Espíritos encarnados.

Afora isso, há aqueles Espíritos que efetivamente já sublimaram a questão sexual mais carnal, se encontrando como "sem sexo", não sendo necessária uma expressão preponderante nesse campo. Essas situações não têm relação direta com a mediunidade em si, mas com a evolução do Espírito na sua longa caminhada, pois, a partir de um determinado estágio, ele não tem mais sexo, e sim consciências eternas que se arrebatam e se unem no sentimento amoroso por tudo no Cosmo.

E aqueles médiuns que, notadamente, são homossexuais?

Isso pouco nos importa. A conduta "culposa" que está relacionada com a moral dos homens e o fato de um médium se encontrar em situação provacional, como o é a questão da homossexualidade, são meramente efeitos na atual encarnação de causas passadas, assim como são as provas diárias do egoísmo, da vaidade, dos ciúmes e das maldades "comuns" para os homens. Pode um filho de conduta sexual "normal" aos olhos dos valores fugazes da sociedade dos homens ter pouco ou nenhum valor moral na visão da Espiritualidade, nos casos em que se exige um instrumento mediúnico. O sexo em si não ofende as leis espirituais, por isso não devemos classificar o homossexual como um anormal ou impuro. Ressaltamos que o amor, a solidariedade, o perdão das ofensas e a pureza do Espírito são requisitos indispensáveis como objeto de julgamento severo que se estabelece quando do abençoado labor como aparelho mediúnico.

Notamos um processo de "orientalização do Ocidente", sendo crescente o interesse por temas místicos, esotéricos, de vidas passadas, carma, reencarnação, fitoterapia, Nova Era, enfim, de espiritualismo em geral. Como se coloca a Umbanda nesse cenário?

Umbanda é luz, sabedoria milenar e pura harmonia. Conduz as consciências ao entendimento da verdadeira vida, que é a do Espírito imortal. É unidade no Cosmo, um todo de que fazemos parte. É universalismo na sua essência, que está registrado em todos nós por nossa ancestralidade espiritual. A Umbanda, regida pelo Cristo Cósmico, tendo em Jesus a sua manifestação máxima na Terra, é mais antiga que todas as religiões dos homens e terá enorme importância por sua procedência sagrada nesta Era de Aquário. Aceita todas as outras religiões e, por ser anterior a estas, em todas teve grandes influências, principalmente nas oriundas do Oriente. Nesse cenário, cabe à Umbanda um papel muito importante, pois será uma das expressões de unificação amorosa na Terra.

O Brasil é um país continental e tem um povo de grande misticismo, que abriga variadas formas de mediunismo mais arcaico, inclusive com sacrifícios de animais: pajelança da Amazônia, candomblés de caboclo, catimbós, ritual de Xangô, catimbó-Jurema, entre outros. Qual a finalidade desses movimentos? Podemos chamá-los de Umbanda?

Agradeçamos todos ao Alto por esta pátria abrigar todos os seus filhos em seus anseios espirituais. O que parece uma balbúrdia para os homens é abençoada acomodação das consciências em evolução. É com essa liberdade de semeadura que vão os filhos evoluindo, e o que muitas vezes parece uma insensatez aos olhos dos julgamentos precipitados dos homens é sensata caminhada rumo à colheita de luz. Os mais recatados em seus valores espirituais consideram tais ritos e práticas como "pecaminosos", visto que são de opinião que estão no caminho certo e que suas doutrinas ou religiões são as verdadeiras, como se a Divindade os elegesse.

Mesmo os que estão ainda retidos em rituais "arcaicos", como o de sacrifício de animal em nome de Orixá cultuado, oferenda dispensável, pois nenhuma vida no Cosmo deve findar em prol de outra, reconheçamos que por tratar-se de ato de fé, de crença fervorosa para com a Divindade, esses filhos também estão no caminho do despertamento amoroso, como todos no Universo.

Muitas vezes, esses mesmos críticos acham-se superiores no seu misticismo com o Além, mas esquecem-se da palavra fraterna e solidária no banquete diário de negócios em que a maledicência se instala, servidos que se encontram com finos alcoólicos e cortes especiais de carnes suculentas e malpassadas, distantes dos locais em que se mostram caridosos e humildes no encontro do culto semanal que praticam. Nessas ocasiões que se satisfazem avidamente, não imaginam que, para os "olhos" do Além, a expressão da fé, mesmo "arcaica", é direito inalienável de cada cidadão, ao contrário da satisfação dos instintos animalescos dos homens "evoluídos".

Não podemos afirmar que essas manifestações de mediunismo sejam Umbanda, de conformidade com o planejamento sideral desse movimento. No entanto, pela sua universalidade nata, pois oriunda do Cristo Cósmico na sua essência amorosa, as altas entidades do Astral, dirigentes do mediunismo umbandista no Brasil, preveem que a Umbanda acabará abrigando em seu seio todas essas expressões de fé, visto que há uma depuração irreversível de todas essas práticas, o que é coerente com a própria evolução dos homens, sendo que a própria Umbanda está em constante mudança evolutiva nesta Era de Aquário.

Não há risco de ocorrer exatamente o contrário, ou seja, de alguns cultos enfraquecerem o movimento de Umbanda, como o da Jurema, por exemplo, que foi introduzido e é praticado em terreiros ditos de Umbanda no Nordeste?

O culto de Jurema, de origem indígena inicialmente, com o decorrer do tempo sofreu alterações decorrentes da influência afro-brasileira. A forma como é praticado hoje nos terreiros de Umbanda citados é uma mistura do candomblé, do espiritismo kardecista, do catolicismo e da Umbanda, chamada popular. Dá-se origem a uma nova prática, onde todos esses elementos se harmonizam em sua existência dinâmica com o mediunismo que a todos abriga, e nessa reformulação de hábito religioso, originalmente restrita às tribos indígenas que habitavam essas regiões, o espaço místico que nasce, aparentemente inusitado, fortalece os filhos nos ideais do bem e da fraternidade.

A convivência pacífica no terreiro, que se torna ponto de convergência de vários conflitos existenciais e dos mais diversos anseios espirituais, gerados na coletividade materialista que cerca os filhos simples e iletrados, na sua maioria, é motivo de congraçamento amoroso entre as criaturas.

Nas assimilações e nos ritos adaptados, as curas e reformas morais vão ocorrendo e, por meio da palavra de alento do humilde Preto Velho e dos "puxões de orelha" dos Caboclos altivos, vão todos revendo seus valores e aprendendo verdadeiramente o exercício da solidariedade e do amor.

Fortalece-se o movimento de Umbanda, exatamente pela sua constante evolução e adaptabilidade a todos que o procuram, pois não está amarrado a dogmas doutrinários. Os atos nefastos de irmãos inescrupulosos nas lides com o Além, que se aproveitam da fé e do desespero daqueles que os procuram, são defeitos unicamente dos homens e não estão limitados somente à Umbanda, que, por estar em constante evolução, é mais visada para críticas. Qualquer movimento do bem na face planetária, onde haja o intercâmbio com o Além, não está sujeito aos caprichos de vaidade e egoísmo, nem a modelos particularistas criados pelos mercadores de graças que a tudo resolvem com interesses de ganho em proveito próprio. Nesses casos, seja o nome que tiverem em suas práticas, os bons obreiros, mentores, Guias e Protetores da Espiritualidade do Além se farão ausentes.

O que os umbandistas chamam de "gira da caridade", seja de Caboclos ou Pretos Velhos, parece-nos algo indisciplinado, uma algazarra. Cada entidade "incorporada" ou cada médium trabalhando a seu modo, não existindo uma padronização no tipo de atendimento ou consulta. O que tem a dizer a respeito?

Não é nenhum tipo de padronização que garantirá a curativa assistência espiritual aos consulentes. Gestos diferentes, um tipo de benzedura aqui, um passe localizado ali, uma maceração de erva lá, um assobio ou sopro acolá, todos são recursos de cura utilizados. Ao contrário das impressões deixadas nos apressados olhos humanos, a disciplina é enorme e rígida, existindo forte amparo astral hierarquizado nas casas sérias e moralizadas, embora cada entidade tenha sua liberdade de manifestação na prática que lhe é mais peculiar. Nessa aparente algazarra e burburinho, vão os homens se modificando para melhor e todos continuam evoluindo juntos, tanto na carne como no Plano Astral.

É de bom alvitre que em muitos casos até os consulentes fiquem mediunizados e "recebam" seus Guias ou Protetores espirituais?

Sim. Naqueles consulentes que têm comprometimento com o mediunismo e já estão educando suas mediunidades, "receber" seus Guias ou Protetores espirituais vai aliviá-los das cargas deletérias, de miasmas e formas-pensamento que estão "grudadas" nas suas auras, tipo de campo energético que todos vocês têm, sendo o corpo físico a parte visível, a energia mais condensada desse complexo energético que são os homens. Esses enviados espirituais que neles incorporam imprimem-lhes no corpo astral suas vibrações mais elevadas e que são afins com esses irmãos muito antes da atual encarnação. Assim, pela alteração de frequência imposta, essas placas e agregados destrutivos são liberados e retornam para a natureza, regularizam os chacras desarmonizados e alinham as vibrações do corpo astral e do etéreo. Naqueles médiuns ainda deseducados, esse contato serve para mostrar a eles a importância e a necessidade de se desenvolverem. Claro está que essa intervenção do Além se dá para o auxílio do aparelho mediúnico e se torna dispensável nos mais experientes, que aprenderam a se livrar dessas cargas negativas sozinhos.

Esse hábito de dar passagem permitida aos consulentes nessas giras não contraria a segurança mediúnica?

Ao contrário, conduz à necessidade de plena educação. A segurança no exercício da mediunidade, por um aparelho (médium) no mediunismo umbandista, é marcante no que vocês chamam de passividade, o que nada mais é do que dar passagem para esses Espíritos afins. Os médiuns, habituando-se a dar passagem para seus Guias e Protetores, aprendem a conhecer profundamente suas vibrações e, com o trabalho continuado, conseguirão a necessária segurança para que não se deixem envolver por irmãos de outras vibrações, ditos obsessores e vampiros do Astral Inferior. Ao mesmo tempo, vamos gradativamente equilibrando as vibrações dos chacras, facilitando e intensificando o intercâmbio.

O que pode dizer dos médiuns trabalhadores que dão passividade para os chamados eguns (Espíritos obsessores) no mesmo momento que atendem aos consulentes?

Isso se faz necessário para que esses irmãos possam ser conduzidos para locais de refazimento existentes no Plano Astral. Esses irmãos são retirados do corpo etéreo dos consulentes, qual carrapato que se arranca da pele de animal indefeso. É feito um atendimento socorrista de urgência e, posteriormente, serão encaminhados para maiores esclarecimentos; havendo necessidade, serão reconduzidos para a manifestação mediúnica em locais apropriados às suas consciências.

A nosso ver, há nesses casos uma doutrinação precária. Isso não teria que acontecer em sessão reservada, especialmente com finalidade desobsessiva?

Na verdade, não há nenhuma doutrinação. Na maioria dos casos, não se fazem necessárias maiores conversações. O choque fluídico propiciado pelo aparelho do médium, conduzido habilmente pelo Guia ou Protetor, seja Preto Velho ou Caboclo, é o suficiente para o alívio desse sofredor, qual imersão de peixe asfixiado fora d'água em límpida enseada à beira-mar. Após essa desopressão instantânea, esses socorridos são retidos provisoriamente em hospitais do Astral até que tenham condição de discernimento para entenderem sua situação existencial. No caso dos mais aguerridos, raivosos e enlouquecidos, exige-se a condução para sessões mediúnicas destinadas exclusivamente para esse fim, podendo ser no terreiro umbandista ou no centro espírita. Tudo ocorrerá de acordo com a consciência que está em tratamento, como afirmado em pergunta anterior.

Essa exposição demasiada ao mediunismo não se torna prejudicial e até chocante àqueles que o procuram quando comparamos com outras maneiras de fazer a caridade, mais reservadas do grande público, em que a mediunidade é instrumento de amparo e socorro?

A cada um é dado conforme a sua necessidade e condição existencial. Nos dias de hoje, ninguém adentra em um templo umbandista, no culto evangélico ou na palestra doutrinária do centro espírita obrigado. A época de impor-se às consciências o "certo" ou "errado", fruto da árvore do julgamento dos homens e dos mandatários religiosos "detentores" da verdade, é fato histórico que jaz sepultado num passado algo recente, mas ausente da realidade espiritual da Terra hoje, embora ainda muito nítido no inconsciente de muitos filhos, bem como em algumas regiões da superfície planetária.

Não havendo imposições e intolerâncias, concluímos que o sentir-se chocado resulta de uma decisão exclusivamente individual. Logo, cabe a esse ser buscar aquilo que o satisfaça em seus anseios espirituais, seja em que local for entre os homens. A exposição ao mediunismo nada mais é que uma lembrança da própria condição de Espírito de cada um. O Eu Sou verdadeiro e imortal está momentaneamente aprisionado no pesado corpo de carne, e a sessão mais reservada não livra os consulentes dos assédios e intercâmbios com o Além que ocorrem nas 24 horas do dia e não dependem de um local preparado especialmente para esse fim. Todos são médiuns em maior ou menor grau, e refutar a constância e a naturalidade do mediunismo na vida é como negar o próprio ar que os filhos respiram.

Poderia nos descrever, sob o ponto de vista do Plano Astral, a movimentação invisível aos nossos olhos carnais que ocorre nessas giras de caridade praticadas nas casas de Umbanda?

Toda casa de Umbanda que é séria e faz a caridade gratuita e desinteressada é um grande hospital das almas, tendo o apoio de falanges espirituais do Astral Superior. Essas giras* de caridade são grandes prontos-socorros espirituais, onde não se escolhe o tipo de atendimento, estabelecendo enormes demandas** no Além. Os consulentes que procuram os Pretos Velhos e Caboclos para a palavra amiga e o passe carregam os mais diversos tipos de problemas: doenças, dores, sofrimentos, obsessões, desesperos etc. Processa-se a caridade sem alarde, pura, assim como o Cristo-Jesus procedia, atendendo a todos que o procuravam.

É indispensável um ambiente harmonioso e de energias positivas no grupo de médiuns que formarão a corrente vibratória. Para se conseguir as vibrações elevadas, são cantados pontos, que são verdadeiros mantras,

---

* "Gira" significa "sessão", "encontro". Podemos ter gira de desenvolvimento mediúnico, gira de caridade pública, ocasião em que se realizam as consultas.

** "Demanda" é toda vez que há atendimento desobsessivo que envolve incursões nas organizações e comunidades do umbral inferior: resgates, desmanchos de magias negativas, apreensão de entidades empedernidas no mal. É bom salientar que essas movimentações mais austeras das falanges benfeitoras de Umbanda dão-se dentro do merecimento, livre-arbítrio e carma de todos os envolvidos nesses novelos enfermiços que geram os processos de imantação entre obsediado e obsessor.

faz-se a defumação com ervas de limpeza físico-etérea e espargem-se essências aromáticas que auxiliam a elevar as vibrações.

No Plano Astral, estabelece-se um campo vibratório de proteção espiritual. Em vários quarteirões em volta do local da gira ou templo, os caboclos e guardiões se colocam com seus arcos e flechas com dardos paralisantes e soníferos. Bandos de desocupados e malfeitores tentam passar por esse cordão de isolamento, mas são repelidos com espécie de choque por uma imperceptível malha magnética. Outros Espíritos que acompanham os consulentes não são barrados e, ao adentrarem na casa, são colocados em local apropriado de espera, e várias entidades auxiliares lhes prestam socorro e preparação inicial. Por isso os consulentes sentem muita paz quando entram na casa e aguardam seu momento de consulta.

No ato da consulta, o Guia ou Protetor está trabalhando com o aparelho e dirige os trabalhos, tendo vários auxiliares invisíveis que ainda não "incorporam". Havendo necessidade, é dada passagem para as entidades obsessoras ou sofredoras que estão acompanhando os consulentes, como descrito em resposta anterior. Manipulam com grande destreza o ectoplasma do médium, que é "macerado" com princípios ativos eterizados de ervas e plantas, fitoterápicos astralizados usados para a cura. Os Espíritos da Natureza trabalham ativamente buscando esses medicamentos naturais nos sítios vibratórios que lhes são afins, bem como buscam, para a manipulação perfeita do Caboclo ou Preto Velho, as energias ou os elementais do fogo, ar, terra e água, que sempre estão em semelhança vibratória com os consulentes, refazendo as carências energéticas localizadas. É a magia dos quatro elementos utilizada para amenizar os sofrimentos dos homens.

Nos casos em que se requer atendimento a distância, nas casas dos consulentes, ficam programados trabalhos para a mesma noite ou noites posteriores, dependendo da urgência. Há intensa movimentação, e praticamente nunca descansamos. Numa casa grande, bem estruturada, chegamos a atender 500 a 600 consulentes, sendo que a população de Espíritos desencarnados socorridos numa gira com essa demanda pode chegar a 4.000. Os chefes de falanges "anotam" todos os serviços que serão realizados durante e após a gira, pois as remoções e os socorros continuam ininterruptamente, sendo o dia de caridade pública aos encarnados o cume da grande montanha que se chama caridade.

Poderia nos dar maiores esclarecimentos sobre esses atendimentos a distância nas casas dos consulentes? Quais são os tipos de serviços "anotados" pelos chefes de falanges e o que ocorre nessas remoções socorristas?

Esses atendimentos são, em geral, de remoção de comunidades de Espíritos sofredores que ficam habitando na casa do filho doente e que procurou auxílio espiritual. Os chefes de falanges organizam os socorros que serão realizados em espécie de ronda que vão dirigir. Como são Espíritos experientes nessas lides, sabem antecipadamente os imprevistos com que se depararão: vampiros, torturadores de aluguel, irmãos com aparências animalescas, resíduos e fluidos pútridos, drogados e viciados em sexo, enfim, verdadeiras comunidades sofredoras e maldosas habitando a mesma área etérea. Os caciques vão à frente liderando os comandados. É montada rede magnética de detenção à volta do local a ser higienizado. As falanges de apoio ficam em guarda em torno do local alvejado, e esse bolsão de miséria é removido para localidades hospitalares do Astral que comportam a densidade espiritual de cada envolvido, onde os socorristas aguardam para o atendimento de urgência de todos esses filhos.

Nunca se comprovou a utilização da palavra "Umbanda" dentro dos ritos, cultos e crenças africanistas. Diante da participação ativa dos Pretos Velhos da Angola e do Congo nas hostes umbandistas, pode-se negar a origem africana dessa religião?

A Umbanda é muito mais antiga que o próprio homem na Terra. Muitos dos negros da Angola e do Congo foram sacerdotes no Egito, na Caldeia, na Pérsia e na Atlântida. Embora não haja a comprovação etimológica para o convencimento dos incrédulos homens, o conhecimento uno, antigo e milenar jaz nesses negros, mesmo naqueles que utilizam a magia para o mal em ritos, cultos e crenças distorcidas e, aparentemente, sem ligação com a Umbanda.

O que poderia nos dizer de alguns confrades umbandistas que negam abertamente a relação de culto com os ritos africanistas, afirmando a origem "cabocla" desse movimento em solo pátrio e que não teria nenhuma ligação com os negros da África?

Que esses filhos são movidos por preconceito e discriminação racial e que consideram os cultos africanistas inferiores. Realmente há uma predominância de Caboclos nas manifestações mediúnicas e nos prepostos dos Orixás; em todos se fazem presentes os Caboclos peles-vermelhas, à exceção da linha de Yorimá e Yori. Mas o ser negro ou vermelho tem relação somente com uma existência na carne. Todos estamos constantemente evoluindo e passamos muitas vezes no vaso da matéria. Não discutiremos profundamente as nuanças da magia etéreo-física envolvida em cada culto ou raça ligada ao antigo e primevo conhecimento *Aumbandhã*, que veio de outra parte do Cosmo para auxiliar os homens, pois confundiríamos o leitor menos atento ao ocultismo umbandista.

Não tenho a menor dúvida da minha vinda de outra constelação, da passagem pelas comunidades atlante e lemuriana, e estou convicta da utilização desses conhecimentos em minha encarnação como negra africana. Preocupemo-nos com questões maiores e constituídas de amor fraterno e solidário para o exercício da verdadeira caridade. Como diz o bugre rude do interior, "cavalo ganho não se olha os dentes, não se pergunta a idade nem o tipo de pelo, pois nos apraz é a serventia do préstimo que o bichano vai dar". Tratemos a Umbanda como um cavalo ganho pelo grande senhor das almas, nosso Cristo-Jesus.

Muitos dizem que as entidades intituladas Caboclos são rudes, ásperas e um tanto coercitivas, não têm trato fraterno e desrespeitam o livre-arbítrio e o merecimento individual nas atividades socorristas tanto aos encarnados como aos desencarnados. Isso é verdadeiro?

Estamos todos evoluindo ininterruptamente. Realmente, alguns Caboclos são diretos e algo ríspidos em alguns momentos. São índios aguerridos que enfrentam todo tipo de batalha com entidades de baixíssimo estado evolutivo, violentas, duras e raivosas. Enfrentam as organizações dos lucíferes do umbral inferior, resgatam prisioneiros e sofredores muitas vezes em condições extremamente adversas, em locais de grande densidade, quase que materializados e de dificílima movimentação. Toda atuação das falanges atuantes na Umbanda é regida pela Lei do Carma e pelo merecimento do socorro oferecido àqueles que são amparados. Como as remoções e os desmanchos envolvem grandes comunidades de desencarnados sofredores, seja mago negro ou soldado de organização do mal, as avaliações individuais da situação cármica dos socorridos são feitas posteriormente nos locais de detenção do umbral inferior, que são fortalezas vibratórias da Luz Crística no meio da escuridão. Logicamente, um Caboclo não terá a gentileza de uma freira na sua incursão às regiões trevosas e abismais, pois, se assim fosse, o dispensaria da necessidade de apresentação do seu corpo astral como guerreiro indígena. Muitas vezes, uma voz rude e áspera denota Espírito amoroso e sinceridade, ao contrário do verniz fraterno de mentes controladoras e maquiavélicas, que disfarçam seus verdadeiros sentimentos com a oratória recheada de conhecimento evangélico decorado em anos de estudo, mas com o coração árido de amor.

O método socorrista da mesa kardecista não é mais recomendado sob o ponto de vista do Evangelho do Cristo?

Se a modalidade de cura para o filho socorrido é a conversa esclarecedora com grande apelo evangélico e que está de acordo com sua consciência, encaminhamos esse irmão socorrido para a mesa kardecista. A cada um é dado de acordo com sua necessidade evolutiva. Consideremos, no entanto, que nem todos no Universo em que atuamos estão receptivos a esse tipo de atendimento doutrinário. Há uma linha dividindo a necessidade de esclarecimento evangélico que socorre da pretensão de alguns homens de a todos doutrinarem. O convencimento religioso e místico vem do íntimo de cada criatura, e o que se pode fazer é, em alguns casos, orientar, nunca catequizar ou tentar indistintamente convencer todos que se apresentam de crença contrária. Jesus não doutrinava os demônios dos possuídos, e sim "expulsava-os" com a sua superioridade moral e energia crística. Entendemos que o Evangelho do Cristo recomenda o amor ao próximo como a si mesmo; e o fato de um Caboclo ser de poucas palavras, rude e áspero não o coloca como menos ou mais amoroso com seus irmãos do que o articulado doutrinador espírita de oratória eloquente, pois tais situações podem dissimular os verdadeiros sentimentos que estão em desacordo com as aparências que tanto os homens valorizam.

Se existem entidades de elevada estirpe sideral que labutam na egrégora de Umbanda, por que falam errado, às vezes num linguajar quase tribal e algo tosco?

É o amor que prepondera como quesito principal na elevação das consciências. O conhecimento necessariamente não significa sabedoria, que é o outro alicerce que sustenta as entidades iluminadas que se manifestam por meio do mediunismo aos homens. Exatamente pelo incomensurável amor aos humanos é que muitas entidades vêm de outros locais do Cosmo, ainda inimagináveis aos seres da Terra, e se impõem imenso rebaixamento vibratório para se apropriarem novamente de um corpo astral. Percebam a dificuldade para se fazerem comunicar por intermédio de um aparelho carnal, limitado e preso às percepções materiais. Logo, a necessidade de se fazerem entender no exíguo tempo que têm para permanecerem em tão baixo padrão vibratório é o que determina o linguajar tosco ou tribal e que está de acordo com a capacidade de compreensão dos consulentes simples, pobres e iletrados que procuram, às multidões, os terreiros de Umbanda. Isso não quer dizer que não possam falar articuladamente e com grande sapiência diante dos homens doutos. Que os filhos não se deixem levar precipitadamente pelas impressões que mais marcam seus olhos e ouvidos.

O que é a chamada "mecânica" de incorporação?

É a "posse" da entidade comunicante da parte psicomotora do aparelho mediúnico, que se dá pelo afastamento de seu corpo astral e completa apropriação de seu corpo etéreo pelo corpo astral do Guia ou Protetor espiritual, que servirá como mediador quase perfeito para seu corpo físico, que fica inerte, à disposição do novo "proprietário". Nesse caso, o invólucro material do médium fica cedido para a atividade mental do Preto Velho ou Caboclo, que poderá manifestar-se à vontade, como se encarnado fosse. É muito rara a inconsciência total nessa forma de manifestação. O mais comum na mecânica de incorporação é uma espécie de sonolência letárgica, ficando o "aparelho" imobilizado em seu poder mental e, consequentemente, na parte motora, mas com semiconsciência de tudo o que ocorre e havendo considerável rememoração após o transe. O Guia ou Protetor espiritual não "entra" no corpo do médium como muitos pensam. O que ocorre é que há um afastamento do corpo etéreo, sendo este, sim, tomado como se fosse um perfeito encaixe, que é programado no Plano Astral antes da reencarnação.

É o corpo etéreo o mais atuante na incorporação?
Não se trata de ser o mais atuante, mas é o corpo sutil mais utilizado nos trabalhos de cura, em que os Guias e Protetores se utilizam intensamente do ectoplasma que aí é metabolizado. Dependendo da faixa vibratória da assistência curativa que está acontecendo, o corpo astral ou corpo mental do aparelho são os mais atuantes. Nos casos em que os sentimentos preponderam na comunicação, no momento exato da consulta, ou na irradiação intuitiva e nas situações de clarividência, esses outros dois corpos são mais utilizados. Mas como os filhos são uma unidade existencial, embora constituídos de vários corpos vibratórios, todos têm atuação nas manifestações mediúnicas.

A "mecânica" de incorporação no seio umbandista não é um tanto rudimentar quando comparada com outras lides do mediunismo (técnicas de mentomagnetização, cromoterapia, cones de luz, pêndulo radiestésico, irradiações a distância e psicografia intuitiva)?
Os aparelhos que labutarão na linha de Umbanda diferem dos demais, pois, antes de reencarnarem, tiveram uma polarização energética em seus corpos astrais que os habilitará a trabalhar quando na vida física com as comunidades do umbral inferior e com fluidos mais densos. São verdadeiras usinas de ectoplasma, e na sua maioria têm um leve afastamento do corpo etéreo, como se fosse uma janela vibratória que fica sempre aberta. Nesses casos, a mecânica de incorporação faz-se necessária para que o Guia ou Protetor espiritual possa manipular com maior precisão todos os fluidos envolvidos nos processos de cura, não só os do aparelho, mas também

os da natureza. Afora esses aspectos, os próprios corpos físico e etéreo do médium tornam-se os principais agentes de cura e são fundamentais para os trabalhos das entidades ligadas à Umbanda e ao magismo da natureza.

Isso de maneira alguma os coloca em um mediunismo rudimentar, e tais comparações denotam um certo ranço vaidoso, como se houvesse um intercâmbio mais aperfeiçoado que outro. Não encaremos a mediunidade como se fosse veículo automotor de que a cada ano sai novo modelo, mais moderno e com recursos avançados. Esse automóvel terá longevidade, não incorrerá em multa ou acidente automobilístico, independentemente de todo o aparato técnico que o acompanha, e sim da habilidade do motorista que o conduzirá. Assim é o médium moralizado, de conduta reta, que faz a caridade desinteressada como o Cristo-Jesus praticava, qual motorista cuidadoso com as normas que o cercam e que respeita o cidadão que o acompanha, seja a pé, em carroça puxada por jumento ou em possante e veloz máquina corredora.

O que são Guias e Protetores e qual a relação/ligação dos médiuns com eles? Há envolvimento de vidas passadas ou de antepassados?

Guias e Protetores são Espíritos como vocês, somente sem esse pesado fardo que é o paletó físico que os encobre, nada mais. Claro está que por sermos Espíritos milenares em evolução, as situações de encarnações passadas determinam as afinidades amorosas que unem os Guias e Protetores aos seus pupilos na carne, ou as repulsas odiosas que separam os filhos do amor e os imantam no cipoal das vinganças sem fim dos obsessores e desafetos de outrora, visto que não existe perfeição na Terra, sendo a vida dos Espíritos única e atemporal nas suas jornadas rumo às paragens angelicais desde o momento crucial em que fornos criados por Deus.

É verdade que os Espíritos classificados como Protetores são entidades necessitadas de evolução e os Guias não precisam mais evoluir?

Todos no Cosmo estão evoluindo ininterruptamente e por toda a eternidade, pois só existe uma perfeição absoluta, que é Deus. O que ocorre é que existem patamares evolutivos que distanciam um irmão do outro meramente por diferenças vibratórias, mas estamos todos unidos no ideal de caridade.

Geralmente, um Protetor sob a égide da Umbanda é Espírito mais necessitado de contato com a mecânica de incorporação com o aparelho mediúnico, e ambos, Espírito e médium, se completam nesse labor de auxílio aos necessitados e estão evoluindo juntos. O Protetor "cuida" mais do seu aparelho, tem maior compromisso com o seu desenvolvimento e grande comprometimento em apoiá-lo, ligações que vêm de encarnações passadas. É muito comum o Protetor ter necessidade de mais algumas encarnações e é provável que o médium de hoje seja o protetor de amanhã, em conluio amoroso de longa data.

Por sua vez, os Guias, vários não precisando mais reencarnar compulsoriamente, ligam-se aos aparelhos por compromissos em tarefas específicas, mas igualmente têm laços de antepassados e estão evoluindo. Na verdade, somos todos irmãos, e tais denominações são para situar os filhos, tão carentes de referenciais de nomes e adjetivos no plano Terra.

Concluímos que os Guias não incorporam com tanta regularidade. Como atuam então?

É verdade. A maioria das incorporações ocorridas nos terreiros são de Protetores, dos Caboclos das linhas vibratórias dos Orixás Ogum e Xangô. Isso não quer dizer que os Guias dessas falanges não incorporem, mas a maioria atua pela irradiação intuitiva e mais diretamente por intermédio do corpo mental, em conexão com a mente do médium, espécie de telepatia. No entanto, se considerarmos a escassez das incorporações das demais linhas vibratórias, em especial de Oxalá, Yori e Iemanjá, podemos afirmar que a maioria dos Guias não atua na mecânica de incorporação, contrariando muitos pais de terreiro que a tudo fazem incorporados "inconscientes", situação que está mais do que na hora de se esclarecer diante da raridade atual dessa fenomenologia mediúnica. Ocorre que esses diretores encarnados se escoram nos Guias e Protetores, como se fôssemos muletas vitalícias, e, escondendo-se na mistificação de não se lembrarem de nada, nunca são questionados e mantêm o controle total de alguns terreiros, alimentando suas vaidades e enraizando cada vez mais os processos de fascinação com entidades de baixa envergadura espiritual e que não têm nada a ver com a Umbanda.

O que pode nos dizer sobre as casas de Umbanda que a tudo resolvem, cobrando consulta e prometendo verdadeiros milagres?

Não são da verdadeira Umbanda, pois Caboclo e Preto Velho das genuínas falanges regidas pelos Orixás não vão a esses locais. Ali se comprazem entidades mistificadoras, e o vil metal é o motivo da satisfação vampirizadora que as realiza, formando círculo vicioso entre consulentes, encarnados e desencarnados de difícil solução. O imediatismo dos homens na procura da realização de seus anseios, na maioria das vezes, os mais mesquinhos, ligados ao sexo, poder, trabalho e aos prazeres mundanos mais desregrados, faz com que se alimente esse triste processo de parasitismo. Se há quem pague, sempre haverá quem receba; é da Lei de Sintonia que rege a relação entre o mundo oculto e material, invisível e visível, imanifesto e manifesto.

Há a necessidade de pontos riscados e cantados, de defumações e águas de essências perfumadas nos rituais de Umbanda?

Podemos dizer que os homens são cobertos por energias e magnetismo. Essas vibrações são responsáveis pela manifestação da vida na forma que os filhos conhecem no planeta Terra: mineral, vegetal, hominal e astral. As energias etéreas têm polaridades, ativa e passiva, positiva ou negativa, e se cruzam, estando interpenetradas. Dentro das sete linhas vibratórias dos Orixás, fazem-se necessários pontos riscados de identificação que reluzem vibratoriamente com forte magnetismo de atração no "lado de cá". As energias manipuladas atraem, absorvem, potencializam e expandem os fluidos movimentados pelos Caboclos e Pretos Velhos. Na verdade, os pontos riscados são como elos identificadores que fazem a interseção do tipo de energia utilizada com a vibração específica da linha vibratória. Para que as forças que constituem esses elos sejam movimentadas especificamente para os trabalhos de Umbanda, é imperioso que haja o acionamento de determinados códigos de acesso, consoante o resultado que se queira alcançar. É um ato litúrgico que envolve a magia das entidades, que aglutinarão etericamente em torno dos traços riscados os fluidos e as energias benéficas. Os riscos simbolizam a identidade da linha solicitada, da entidade e do tipo de trabalho exigido e servem como sinalizadores para as falanges envolvidas nessas demandas mais densas e que exigem grande quantidade de ectoplasma.

Os pontos cantados servem como verdadeiros mantras, elevando a vibração e a egrégora pelos sons articulados conjuntamente, e facilitam o intercâmbio mediúnico. Não têm nenhuma relação com a batucada ensurdecedora de atabaques que acabam incentivando o animismo e as mistificações.

O Pai propiciou aos filhos vários sentidos para que pudessem perceber o mundo físico que os cerca e galgarem a evolução na Terra. O olfato, dependendo dos aromas, aflora emoções e sentimentos. Os aromas podem deixar os homens agitados ou calmos, ansiosos ou relaxados. Antigamente utilizado nos rituais dos egípcios, dos hindus, dos persas e hoje na Umbanda e no Catolicismo, entre outros, o olfato é ferramenta de sensibilização que harmoniza e favorece a percepção psíquica, facilitando a recepção e inspiração mediúnica. Além dos odores envolvidos, as ervas, com seus princípios químicos, quando queimadas e eterizadas, tornam-se poderosos agentes de limpeza astral e de cura, mantendo mais agradável o ambiente.

Isso tudo não é dispensável para a ação caridosa dos bons Espíritos?

Qual bom Espírito? Se o filho entende bom Espírito somente como elevado, de vibrações sutilíssimas, doutor e erudito, quase que inatingível aos homens e aos irmãos desencarnados doentes que perambulam pela crosta terrena em busca de auxílio, qual caranguejo retido no lodo pegajoso e putrefato, realmente se faz dispensável. A grande maioria dos trabalhadores do Além, no entanto, laboriosos na caridade de Umbanda, anônimos e que não se manifestam aos olhos dos filhos, ainda está muito próxima dos sentidos humanos e evoluindo como tudo no Cosmo. São Caboclos do interior, pais velhos, sertanejos, benzedeiras, índios, mestiços, enfim, a mais variada gama de Espíritos que foram simples e ignorantes quando na carne. Logo, são necessários esses rituais exteriores para disciplinar e comandar todos esses agrupamentos, que numa primeira impressão podem levar a interpretações equivocadas dos menos atentos sobre o que verdadeiramente ocorre na Espiritualidade no auxílio socorrista aos filhos.

Tudo nos parece muito complexo. Se falharmos no canto ou na grafia do ponto, se utilizarmos ervas erradas para a defumação ou as essências odoríficas forem inadequadas, a caridade dos bons Espíritos deixa de acontecer?

A caridade nunca deixará de ocorrer nos locais onde prepondera o sentimento amoroso que propicia o altruísmo entre as criaturas. Certo está que existem muitos chefes de terreiro mistificando, achando-se indispensáveis, únicos e que acabam caindo no ridículo, expondo a Umbanda em seus princípios ritualísticos e magísticos à incompreensão dos filhos de outras crenças. Nesses casos, sim, faz-se ausente a assistência do "lado de cá", e não em decorrência de um ponto malriscado, de um banho de descarrego errado ou de uma defumação malfeita. Na verdade, são a vaidade e o egoísmo de alguns cegos que conduzem outros que fecham as portas para o auxílio dos bons Espíritos. Sabemos das dificuldades dos homens, e os sentimentos dos filhos são como um grande campo aberto à nossa visão astral.

Poderia nos tecer maiores comentários sobre os trabalhos de ectoplasmia que denomina de densos e que ocorrem nos terreiros ou templos umbandistas?

O ectoplasma é a substância mais utilizada pelos Caboclos e Pretos Velhos nas curas e nos desmanchos. Ele se torna vital, visto que os Espíritos não o possuem por se tratar de um fluido animalizado que se materializa no plano físico-etéreo. Nas curas, é utilizado na recomposição de tecidos e regeneração celular. Nos trabalhos de desmanche das magias negativas, potencializamos o ectoplasma, direcionando-o aos lugares onde se encontra a origem da feitiçaria, que geralmente são objetos vibratoriamente magnetizados e que continuam a vibrar no Plano Astral por muito tempo, mesmo após a decomposição física dos materiais utilizados nesses feitiços. Podemos torná-lo em forma de varreduras energéticas e, por sua densidade quase física, permite a mudança e a desmobilização de bases dos magos negros. Os médiuns que têm compromisso com a linha de Umbanda são grandes doadores desse fluido vital.

O que é a chamada "Lei da Pemba"?

É importante deixar claro aos filhos que a pemba, um tipo de giz especial para utilização ritualística, na verdade, não tem nenhuma utilidade prática, podendo ser qualquer tipo de giz. O que se torna fundamental é o conhecimento cabalístico da entidade ou do médium que está realizando os sinais riscados. Esse amontoado de pembas por aí é só para confundir e para alguns incautos fazerem comércio em cima do grande desconhecimento da maioria dos ditos "iniciados" nas coisas ocultas. Os princípios iniciáticos dos pontos riscados, que ficaram indevidamente denominados entre os homens como "Lei da Pemba", quando corretamente manipulados, identificam: a vibração da entidade, o Orixá, a falange, a subfalange, a legião ou o agrupamento, o grau hierárquico, se é um Orixá Menor, Guia ou Protetor, a vibração do astro regente, entre outras identificações necessárias para os trabalhos de magia.

A Umbanda esotérica é a mesma Umbanda "tradicional"?

Na Lei Maior Divina, a Umbanda é uma só. O que ocorre é que o dito movimento esotérico tenta resgatar um método de estudo que leve ao conhecimento mais profundo das coisas ocultas, não se preocupando em demasia com os ritos exteriores. Em verdade, esse movimento vem resgatar a Umbanda em seus princípios iniciáticos mais puros e antigos, tornando necessário um maior estudo dos médiuns. Caminha a nossa sagrada Umbanda para a unificação de sua ritualística. O grande desafio dos esotéricos é não afidalgar a Umbanda e não deixar que o conhecimento afaste os filhos da simplicidade que deve haver na caridade com os consulentes que demandam as portas dos terreiros e templos.

O que é "fazer a cabeça"? Se o pai de terreiro não "fizer a cabeça", o médium não se desenvolve?

Essa questão muito nos entristece. Há muitos filhos querendo ser médium, ser cavalo de Umbanda de qualquer jeito; chegam a procurar um "pai de santo" para "fazer a cabeça" e firmar o Guia ou Protetor. O estranho dessa situação é que chegam a procurar diversos terreiros, até aqueles que dão certificado para mostrarem depois que são "cabeça feita". Não se paga para obter a mediunidade de tarefa, assim como ninguém nos pode capacitar para aquilo que não temos. Sendo assim, os aproveitadores da fé alheia fazem-se presentes, e isso não tem nada a ver com a Umbanda e suas Sagradas Leis.

Ramatís complementa: O Cristo-Jesus dizia: "Quando um cego guia outro, ambos cairão na cova". Essas palavras devem ter um sentido especial para os diretores espirituais da Terra nas diversas formas de manifestação do mediunismo. Vocês estão vivificando a era dos gurus no momento em que a humanidade começa a se voltar para o holismo (o homem é um todo indivisível partícipe do Cosmo). Do Oriente ao Ocidente, há aqueles que se dizem mestres a conduzir aprendizes. A iniciação independe de diploma ou certificado, e nenhum homem ou Espírito pode iniciar outro, pois cada um inicia a si mesmo. Jesus, um verdadeiro Mestre Espiritual que já esteve entre vocês, nunca iniciou nenhum de seus discípulos ou apóstolos, que eram gente do povo, toscos, mas puros de coração. Lembrem-se, contudo, da autoiniciação, muito bem mostrada no dia de Pentecostes, em que 120 discípulos do Divino Mestre iniciaram a si próprios, depois de nove dias de silêncio, jejum e meditação.

Demonstra presunção e arrogância quem diz que vai iniciar alguém ou "fazer a cabeça" para capacitá-lo como médium umbandista. O ritual aplicado não significa iniciação espiritual interiorizada, e a condição para um Guia, Protetor, Mentor ou Anjo Guardião se fazer manifestar por intermédio de um aparelho mediúnico é o compromisso assumido de longa data no Além, que por si só não garante que tal ocorra se a condição moral do médium for inadequada. Essa situação é uma espécie de fraude que os mais espertos realizam com os que procuram de todo jeito a mediunidade para satisfazer às suas vaidades, como se quisessem adquirir um objeto valioso, que dê *status* e possa ser mostrado como joia rara finamente enfeitada e conquistada com sacrifício.

Por que são necessárias sete iniciações no desenvolvimento mediúnico da Umbanda esotérica para o médium ser considerado apto aos trabalhos ou de "cabeça feita"?

O fato de um médium ter feito as iniciações existentes nesses locais não o avaliza como instrumento fiel e seguro aos "olhos" do "lado de cá". Um número determinado de iniciações, seja na mata, no mar, na cachoeira, na pedreira ou em outros sítios vibratórios na natureza, é, antes de mais nada, um oferecimento energético que serve como repositório salutar àqueles que se encontram em desenvolvimento. Se a aptidão mediúnica não se faz presente no corpo astral – o verdadeiro veículo que deve estar sensibilizado para o intercâmbio antes da encarnação –, não adiantam as iniciações e independem de quantidade. Ocorre que esse tipo de sistemática facilita o aprendizado, e o aparelho vai se "habituando" com as vibrações dos Guias e Protetores, até ser considerado em condições pelo diretor espiritual, ou não, de participar ativamente das giras de caridade e dos demais trabalhos no terreiro ou templo.

Observamos em alguns templos uma graduação setenária de classificação hierárquica dos médiuns. É possível classificar o corpo mediúnico?

Hierarquia na Umbanda não deve significar superioridade como quartel de militar. Muitas vezes, a mais singela tarefa, como a de recepcionar os consulentes da entrada do terreiro, é a que requer mais amor e humildade. Logo, os filhos não se devem envaidecer com títulos, graus ou nomes pomposos. Acreditamos que os graus hierárquicos podem ser ferramentas eficazes para a educação mediúnica, como método de estudo, e para manter a disciplina, principalmente, nas casas maiores.

Considerando-se que o desenvolvimento mediúnico se dá pela moralização do médium e pela capacidade de seus "dons" de sintonia com o Plano Astral, as iniciações em matas, cachoeiras, praias, entre outras citadas e utilizadas pelos umbandistas, não são desnecessárias?

Nas casas sérias, que realmente têm amparo dos bons Guias e Protetores da Sagrada Umbanda, filho de fé que não tem moral não entra para a educação mediúnica, pois não terá condição de ser "cavalo de demanda" ou médium umbandista. Claro que, se os "dons" estão ausentes, será dispensada qualquer atividade de desenvolvimento ou iniciação na natureza. As iniciações são necessárias para fortalecimento energético dos médiuns e para "firmar" as vibrações com as entidades que estão programadas para trabalhar com o aparelho. "Cavalo" de Umbanda trabalha com fluidos do umbral inferior, com magia, grande quantidade de ectoplasma e energias etéreas da terra, do ar, do fogo e da água. Por si sós, as oferendas e os rituais aplicados nesses locais não garantem a plenitude mediúnica, que deverá vir acompanhada de moral elevada, conduta reta e sentimento de doação, de exercício da caridade desinteressada e, inevitavelmente, de amor ao próximo.

Os congás cheios de imagens de todos os tipos são importantes? Afinal de contas, o que é um congá?

O congá é o local sagrado de todo o cerimonial umbandista. Os rituais que são aplicados têm no congá o ponto máximo de convergência vibratória durante os trabalhos magísticos de uma gira de caridade. As vibrações de Oxalá emanam desse ponto, abrangendo toda a corrente que se forma. Os que adentram em um templo umbandista ainda não estão em condições de prescindir dos objetos que serão pontos focais dos pensamentos direcionados para um local em comum e que estrutura e mantém a egrégora necessária para a magia. Encontram no congá esse ponto de referência e fixação.*** Esses excessos de imagens são resultado do sincretismo

---

*** Os templos de todas as correntes religiosas, do passado e do presente, sempre souberam que se faz necessário um ponto focal – o altar – para centralizar o conjunto vibratório. Na Antiguidade, usava-se uma chama sobre os altares, simbolizando a Luz Divina, como nos Templos da Luz atlantes, prática herdada pelos egípcios, hindus, gregos, celtas e até romanos, onde as oferendas de flores, incenso, perfumes etc. faziam a conexão com as energias da natureza. Aliás, entre os celtas, onde foi sacerdote, por exemplo, Allan Kardec, os altares eram erigidos nas grandes florestas para trabalhar diretamente com as forças sagradas da natureza. Talvez os kardecistas muito ortodoxos sofressem um choque emotivo se pudessem vislumbrar a figura austera do mestre de Lyon no papel de sacerdote druida, de túnica branca, entre os carvalhos da antiga Gália, oficiando diante dos altares o culto sagrado da mais pura das magias, com a evocação das forças elementais, reverenciando a Mãe Terra e os Espíritos das árvores, com os belos rituais de harmonização e cura por meio de sons e cânticos sagrados em que eram mestres os druidas. Não gratuitamente, os Guias do professor Rivail lhe sugeriram adotar o pseudônimo de Allan Kardec. Grandes energias espirituais de proteção e harmonia deveriam estar ligadas, como numa "chave" oculta, a esse nome sacerdotal.

e, sob certo aspecto, serviram muito para acalmar as mentes desajustadas e doentes que, procurando a cura dos males na Umbanda, encontram na imagem do seu santo de fé a certeza de que ali resolverão seus infortúnios, acalmando os corações em desalinho.

O que ocorre é que alguns congás são uma confusão de tal monta que nem os mais afeitos do "lado de cá" a pontos de identificação para os consulentes, de fixação e eliminação dos fluidos dos elementos utilizados na magia conseguem entender. Esses congás mal-orientados, carregados de fluidos deletérios e das baixas entidades do Astral Inferior, nada têm a ver com a imantação que tornará o congá um corredor de boas correntes, de descargas saudáveis e outros benefícios da manipulação magística dos Pretos Velhos e Caboclos.

Parece-nos que há um excesso de hierarquia na Umbanda: legiões, falanges, subfalanges, agrupamentos, Guias, Protetores. Isso é correto?

Não classifiquemos como correto ou incorreto. É uma forma de agrupar as entidades dentro das vibrações dos Orixás que lhes são afins e nas quais laboram na Umbanda. Como existe enorme quantidade de Espíritos, incorporantes e não incorporantes, a maioria ainda sem direito a um aparelho mediúnico, fez-se necessário um método de estabelecer uma rígida hierarquia, com a finalidade precípua de organizar, e não de classificar em superior ou inferior. A maioria são filhos ainda muito apegados à matéria, ansiosos por reaver o equilíbrio com as leis cósmicas pelas muitas faltas cometidas na carne. São lavradores, carregadores, marujos, sertanejos simples, andarilhos, negros excluídos, índios maltratados e perseguidos, todos simples e toscos, formando um gigantesco exército que travará uma enorme e intermitente batalha: levar aos sofredores consolo e cura, respeitando os ensinamentos do Cristo, o merecimento e o livre-arbítrio individual, causando alívio aos doentes da alma de todas as procedências, que procuram a Umbanda aos milhões, diariamente, nesta terra chamada Brasil.

8
Magia das ervas e plantas astrais

Por que os Pretos Velhos utilizam ervas?
Os filhos sabem da grande capacidade curativa das ervas e das plantas. Os princípios químicos emanados desses fitoterápicos são utilizados na magia para a cura das mais diversas moléstias. De maneira mais simples possível, podemos dizer que têm grande repercussão etérea, como fiéis potencializadores das energias vinculadas aos quatro elementos no plano físico, ou seja, o fogo, a água, o ar e a terra, que abundam em todo o planeta por meio de vibrações próprias e que estão presentes na constituição energética de todos os filhos e se manifestam especialmente nos corpos físico e etéreo. Então, manipulamos as ervas que contêm as energias que estão faltantes nos filhos, refazendo o equilíbrio do corpo etéreo, com imediato alívio das mazelas que os afligem no campo fisiológico.

Pedimos maiores esclarecimentos sobre essas energias e manipulações. A prece fervorosa não é suficiente?

É importante que os filhos entendam que as ervas utilizadas nesses casos são núcleos energéticos, que agem como acumuladores durante o crescimento das plantas de que são originárias. Estamos falando de energias eletromagnéticas e etéreo-físicas, em alguns casos mais potentes que as existentes na própria aura humana. Quando as ervas são queimadas ou maceradas, obedecendo a certos rituais da Umbanda, doutrina que impõe disciplina mental e concentração aos médiuns, conseguimos atrair energias afins e a cooperação dos Espíritos da natureza que estão vinculados aos sítios vibratórios correspondentes.

No caso de queima das ervas, seja por meio de defumações ou incensos, o potencial de energia emanado é potencializado com a egrégora mental que se cria, dos médiuns, Guias e Protetores, repercutindo vibratoriamente nos planos físico, etéreo, astral e mental, elevando o psiquismo dos seres, equilibrando a emotividade e exaltando as qualidades que estão inconscientes. Há uma modificação energética e magnética do ambiente e dos seres, desintegrando-se morbos psíquicos, miasmas, larvas, vibriões e bacilos astrais que ficam estagnados em ambientes e auras enfermiças.

Concordamos com a grande eficácia da prece fervorosa, que, quando emanada com súplica e renúncia, se transforma em potente radiotransmissor, eficaz instrumento de auxílio utilizado pelos Guias e Protetores. Quanto aos consulentes perturbados, com o discernimento abalado e que mal podem dizer os seus nomes, como exigir deles uma prece fervorosa? Com tamanha necessidade de ajuda, impõe-se recurso que propicie um alento imediato para que, vencida essa etapa de imobilização mórbida, possam esses filhos se utilizar do inquestionável recurso da prece.

Como ocorrem os núcleos energéticos e acumuladores das plantas em processo de crescimento? Concluímos que não existe somente o mecanismo de ação farmacoquímico. É isso?

Desde o momento em que as ervas começam a germinar até o instante exato da colheita ou poda, sofrem influências do magnetismo planetário, intervenções astrológicas e intensa absorção das energias solar e lunar, que passam a fazer parte do encadeamento energético de suas auras, compondo o complexo físico, etéreo e astral desse vegetal. Os chamados componentes farmacoquímicos fazem parte do "corpo físico" dessa planta, sendo a parte visível do todo energético que a envolve. Manipulamos mais precisamente a contraparte etérea, sendo os princípios físicos emanados, repercussão desta, e não o contrário. Ainda falta muito aos filhos para entenderem toda a cadeia da alquimia astral.

Então, não são utilizadas as ervas somente pelas suas indicações terapêuticas. Poderia dar-nos maiores detalhes dessa magia?

A magia para ser utilizada com maior efetividade na Terra, na dimensão em que os filhos estão, precisa do que podemos chamar de catalisadores, ou espécies de condensadores das energias astralinas manipuladas e que são direcionadas para o alvo que se deseja; nesse caso, filhos doentes e desequilibrados das mais diversas procedências que adentram as portas dos terreiros e centros pedindo socorro. Além do comando mental do médium, da manipulação das energias elementais e do apoio dos Espíritos da natureza, necessitamos de apoios no plano físico para servir de "ponte" receptora e potencializadora dos comandos mentais realizados no Além, que atraem as energias específicas com a finalidade precípua de cura. Nesses casos, são de grande valia os banhos de ervas para descarrego dos consulentes de auras enfermiças, ou de fixação vibratória para o desenvolvimento mediúnico, e de manutenção energética nos casos de aparelhos "desenvolvidos", bem como as ervas maceradas usadas nas benzeduras realizadas durante os passes e as consultas.

Pode dar-nos um exemplo de manipulação de ervas e dessa magia de fitoterápicos astrais no momento de uma consulta?

É bom deixar claro para os filhos que existe um inesgotável reservatório de energias no Cosmo. Há plantas astrais que não existem na Terra. Esta Preta tem um saco de pano amarrado na cintura, que os filhos chamam de bornal, que pode demonstrar perfeitamente como se dá essa magia. Toda vez que estamos junto a um aparelho mediúnico, durante uma consulta, e é bom deixar bem claro que a grande maioria dos médiuns são conscientes, sendo raríssima a inconsciência total, nos encontramos em grande sintonia, sendo que, para o aparelho educado e de elevada moral, é como se estivéssemos nos apoderado de sua mente, ocasiões em que a irradiação intuitiva funciona plenamente, estabelecendo-se intensos laços fluídicos magnéticos de imantação.

Cada vez que colocamos a mão dentro desse bornal, os Espíritos da natureza, duendes e gnomos, que nos dão assistência e que estão igualmente imantados ao aparelho mediúnico e sob o nosso comando mental, buscam as essências fitoterápicas astralizadas, ou ervas do astral, nas grandes florestas da Terra e do Além, quando necessário, as quais manipulamos com o ectoplasma curador do médium. Assim, nesse amálgama que se forma, desmanchamos energias negativas, fluidos mórbidos, placas, larvas astrais e todas as formas-pensamento que vão ficando grudadas na aura dos consulentes. Deixamos emplastro específico em volta de todo o campo energético de cada consulente, que, envolvendo todos os chacras rapidamente, se fará perceber aos sentidos dos filhos, causando bem-estar, alívio, leveza e cura.

Observações do médium

Para o racionalismo materialista do Ocidente e seu pensamento cartesiano, infelizmente ainda muito presente na ortodoxia exagerada de algumas doutrinas, inclusive as mais "recentes", quaisquer conceitos ou nomenclaturas que fujam à cartilha habitual são rejeitados. A definição de aura, mais relacionada ao esoterismo e à tradição mística do Oriente, é comprovada pelas pesquisas científicas atuais. Essa emanação luminosa que envolve os corpos humanos tem relação com a função das ondas quânticas que existem não somente em nossos cérebros, mas também no espaço-tempo. Donde a teoria segundo a qual a aura verificável aos "olhos" dos clarividentes poderia ser oriunda da frequência das ondas quânticas do Espírito observado, encarnado ou desencarnado.

A menor mudança de humor modificaria imediatamente a onda quântica entre o observador e o observado. As coisas da alma e do Espírito começam a desvendar-se, comprovando a procedência verdadeira das tradições mais antigas, em especial as orientais e a dos Pretos e Pretas Velhas, sábios magos de outrora.

Para maiores informações sobre esse tema, sugiro a leitura do capítulo "Estruturas cerebrais e espirituais do ser humano", do livro *Nós somos todos imortais*, de Patrick Drouot.

Vovó Maria Conga responde

No caso citado, seria possível toda essa manipulação sem o ectoplasma fornecido pelo médium?

Não. No momento da consulta, o grande catalisador nas curas e nos trabalhos realizados é o aparelho mediúnico, verdadeiro elo do "lado de cá" com o plano da Terra.

Qual a serventia do banho de descarrego?

Os banhos de descarrego têm por fim eliminar cargas negativas, fluidos deletérios, morbos psíquicos e formas-pensamento as mais variadas que ficam impregnadas nas auras dos filhos, qual limalha de ferro em grande ímã. Os pensamentos e sentimentos derivados de egoísmo, ódio, ciúme, vaidade, luxúria e inveja criam intenso magnetismo que atrai tudo o que é ruim no Astral.

Aliado aos casos em que a sintonia mediúnica se faz presente, entidades as mais variadas, doentes, sofredoras, às vezes maldosas e violentas, "grudam-se" nos campos vibratórios dos filhos e, com seus fluidos densos e enfermiços, agravam enormemente esses desequilíbrios, ocasionando as mais diversas doenças no organismo por um mecanismo de repercussão vibratória. Os filhos acabam sendo exaustores desses desequilibrados do Além, que se comprazem em ficar imantados quais carrapatos.

O banho de descarrego desloca essas cargas negativas, essas formas-pensamento e a influência desses irmãos adoentados. Com a liberação desses bloqueios, restabelece-se o fluxo energético entre os corpos sutis, regulariza-se a função vibratória dos chacras e sobrevém a harmonia mental e física. Se não houver uma mudança na conduta dos filhos aturdidos por tais males, logo voltará tudo à estaca zero. Aí advém a importância da elevação moral e o semear de pensamentos positivos diariamente. É fundamental manter a mente arrumada e arejada, como se fosse uma casa bem-cuidada. A vassoura que a manterá limpa deve ser confeccionada de vigilância, vontade inabalável e confiança na própria consciência, já que a todos é dada a liberdade de traçar o próprio rumo, se em estrada pedregosa ou asfaltada; a responsabilidade cabe somente aos filhos.

O que é o chamado banho de fixação vibratória ou ritualístico?

Esses banhos são essencialmente mediúnicos. É para a fixação da vibração do aparelho à do Guia ou Protetor que lhe dará assistência. Varia em cada aparelho a maior ou menor facilidade de intercâmbio, sendo que os verdadeiros fatores que determinam a sintonia são oriundos de vidas passadas e do corpo astral sensibilizado pelos mestres cármicos antes da encarnação, que leva a um comprometimento mútuo, da entidade e do médium, pois todos estamos evoluindo. Como cada consciência é uma grande história milenar, as peculiaridades são muito vastas e seria praticamente impossível classificar todos os médiuns para efeito de determinação das ervas necessárias a cada um. Na verdade, os banhos de fixação são para facilitar a adaptação vibratória do complexo físico, etéreo e astral da aparelhagem mediúnica aos das entidades que estão destinadas a trabalhar com ele. São como catalisadores que o auxiliarão, já que as ervas selecionadas deverão ter semelhanças vibratórias com a das entidades e Orixás, que são as vibrações cósmicas que determinam a atuação de todas as falanges da Umbanda. É como se ocorresse um assentamento vibratório, harmonizando frequências e densidades diferentes num único diapasão.

Pelo que entendemos, as vibrações de cada entidade têm relação com um Orixá, havendo ervas específicas para efeito de banho de fixação? E se a vibração do aparelho é de um Orixá diferente do Orixá do Guia ou Protetor, como fica?

Se a vibração original do médium for igual à da entidade, utiliza-se somente um conjunto de ervas próprias do Orixá em questão; nesse caso, comum a ambos. Se a vibração da entidade for diferente da do aparelho mediúnico, deve-se utilizar as ervas próprias da vibração do médium, misturadas em proporção adequada às da entidade que lhe dará assistência, geralmente na proporção de 2 por 1, sendo que cabe a cada chefe espiritual de terreiro o conhecimento apropriado das ervas e das devidas proporções, quando de acompanhamentos mais pessoais, a fim de não se cometer assentamentos vibratórios com banhos de ervas inócuos e sem efeito positivo na sintonia mediúnica.

É triste ver muitos médiuns há anos em desenvolvimento e totalmente iludidos por orientadores totalmente despreparados. Estamos falando de recursos catalisadores válidos no plano físico, mas que quando mal-utilizados podem prejudicar sobremaneira o desenvolvimento. Na dúvida, é melhor deixar a mediunidade ir se firmando naturalmente, por intermédio da assistência dos Guias e Protetores nas sessões de desenvolvimento, que se farão manifestar quando verdadeiramente existe a mediunidade-tarefa e que parte do corpo astral sensibilizado para intercâmbio com o Além, verdadeiro polo vibratório irradiador.

Para efeito de maior esclarecimento, solicitamos a menção de algumas ervas conhecidas por cada Orixá.

As ervas devem ser maceradas e acrescidas de água limpa. Antes do banho, as folhas trituradas devem ser retiradas e jogadas fora em riacho ou mata. O derramamento deve ser do pescoço para baixo, contornando frente e costas, nunca passando pelo alto da cabeça. Mencionaremos três por cada Orixá, e é recomendado o uso de ao menos duas ervas. Oxalá: arruda, guiné e jasmim; Ogum: romã, losna e tulipa; Oxóssi: sabugueiro, folhas da jurema e dracena; Xangô: erva-tostão; parreira e abacate; Yorimá: eucalipto, alfavaca e bananeira; Yori: manjericão, morango e pitanga; Iemanjá: paripaquicoba, manacá e panaceia.

Qual a finalidade do sal grosso?

É de grande utilidade nas limpezas astrais, e não somente nos banhos de descarrego. Por ser natural, seu composto químico (cloro e sódio) é depurador e ótimo condutor eletromagnético. Tem grande impacto etéreo nos corpos físico, etéreo e astral, assim como no ambiente, sendo de grande valia nas limpezas fluídicas. Transmuta miasmas e formas-pensamento negativas, fazendo-os retornar à natureza. Higieniza e desobstrui os chacras, gerando harmonia nos fluxos energéticos provindos do grande manancial cósmico, que "alimentam" os filhos. Seria de bom costume que todos pudessem colocar pequeno vasilhame com sal grosso, discretamente acomodado, em local de maior movimentação e encontro de pessoas, seja no trabalho ou no lar.

9
Orixás – vibrações cósmicas

Vovó Maria Conga responde

Afinal, o que são Orixás?
Orixás são vibrações cósmicas. As forças sutis que propiciam a manifestação da vida em todo o Universo têm a influência dos Orixás, como se fosse o próprio hálito de Deus. Por isso se diz que a própria natureza manifesta na Terra, por intermédio dos elementos do fogo, da água, da terra e do ar, é a concretização das vibrações dos Orixás aos homens, embora não seja em si essas energias, mas emanada deles, dos Orixás. É preciso compreender que existem vários planos vibratórios no Cosmo e que Deus, em sua benevolência e infinito amor, em todos se manifesta pelas vibrações próprias a cada dimensão. É como se os Orixás fossem regentes ou senhores das energias em cada Universo dimensional manifestado, mas não as próprias energias.

Neste momento, almejamos trazer esclarecimentos os mais simples possíveis, já que o entendimento dos filhos não dá saltos. É por causa do misterioso, do "inatingível" para a maioria, que se criaram tantas desavenças e discórdias na história espiritual e religiosa dos homens. Respeitamos todas as formas de entendimento disponíveis sobre os Orixás, mas não podemos concordar com as personalidades agressivas, volúveis, sensuais, vingativas e as histórias humanas de paixão e dor, tragédias e desavenças, de assassinatos e traições, que foram utilizadas pela tradição oral de transmissão de conhecimento dos cultos africanistas mais remotos e que para muitos definem o que sejam os Orixás até os dias atuais.*

Sabemos que existem traços comportamentais e psíquicos em comum que se formaram ao longo do tempo no inconsciente dos homens e que podem simbolizar essas vibrações cósmicas enquanto manifestas na vida humana, pois em todos os filhos estão as potencialidades dos Orixás e em todos os planos de vida do Criador, visto que nos é destinado o retorno a esse Todo, pois somos unidades provindas desse manancial absoluto no Universo, que é Deus.

A venerável irmã, se referindo aos Orixás, citou os "traços comportamentais e psíquicos em comum que se formaram ao longo do tempo no inconsciente dos homens". Poderia falar-nos algo mais sobre esse tema?

Que os filhos saibam que nos alenta o Espírito o falar simples, para os humildes, que não tiveram o jardim da alma tomado pelo inço do

---

* Os grandes princípios cósmicos, que também se acham presentes no psiquismo humano, foram didaticamente simbolizados, na Antiguidade, nos deuses mitológicos. Nesse sentido, a mitologia grega é incomparável: seus deuses são personificações perfeitas dessas forças macrocósmicas (Orixás) e da alma humana, onde se refletem. Exemplo: o princípio da ação, da luta, que tanto materializa Universos como incita o homem à luta pela sobrevivência, pela evolução e finalmente pela libertação das formas, foi personificado em ARES (Marte) – não Áries, o carneiro –, o deus da guerra. É o mesmo arquétipo de OGUM. E assim sucessivamente com todos os Orixás, para que consigamos entender essas vibrações cósmicas no nosso Universo manifestado. Nos cultos populares dos Orixás, retomou-se essa personificação, e a simplicidade da mente popular os dotou de histórias, emoções, paixões e rivalidades, tomando ao pé da letra a forma pelo conteúdo – exatamente como fazia a mentalidade do povo na Grécia antiga, em Roma, no Egito e pelo mundo afora.

excessivo intelecto, assim como procedia o Divino Mestre Jesus. Diante da necessidade de maiores elucidações sobre a Umbanda, e não se fala de Umbanda sem os Orixás, nos vemos "obrigada" a buscar certa erudição, que está de acordo com as consciências dos filhos, neste momento, mas que há muito nos esquecemos num passado de intelectualismo vigoroso no interior dos templos, mas algo desvitalizado do amor que acompanha os "pobres" de espírito na vida cotidiana.

Existem muitos Orixás nas diversas crenças e em ritos antigos da Terra. Quando se fala em Orixá, quer-se dizer que a cada plano dimensional, seja físico, etéreo, astral, mental inferior ou superior, búdico ou átmico, se tem Orixás correspondentes que explicam e regem esses planos de manifestação. Tais conhecimentos, desde a *Aumbandhã* da época Atlante, foram se perdendo em sua pureza iniciática, situação que se intensificou nos diversos cultos que existiram nas nações africanas de outrora.

Como todos esses planos dimensionais estão nos filhos, podemos afirmar que os Orixás têm grande influência nos comportamentos humanos. São vibrações expressas que têm comprimento e frequência e que um dia a Física da Terra irá descortinar. Sem querermos detalhar em excesso, vamos comentar rapidamente alguns comportamentos ligados a cada Orixá da Umbanda setenária, a que foi trazida para a Terra pelo Caboclo das Sete Encruzilhadas, e que resgata a antiga *Aumbandhã*: Oxalá, Iemanjá, Yori, Xangô, Ogum, Oxóssi e Yorimá.

Oxalá é a expressão maior da vida na Terra, significando o próprio Cristo Cósmico, que teve em Jesus a sua personificação entre os filhos. A criatividade, a expressão do intelecto e os anseios superiores e espirituais são oriundos dessa vibração.

Iemanjá está relacionada ao bem-estar e à segurança. A Terra é inóspita, tendo clima, geografia e condições de habitação adversas aos filhos. A relação positiva com a sobrevivência e o meio ambiente, a segurança emocional e o equilíbrio que dá serenidade nesse meio regem-se pelas vibrações de Iemanjá.

Os filhos nos quais o Eu Superior determina os raciocínios, nos quais a convivência amorosa e humilde com os outros se faz rotineira, sendo as opiniões alheias consideradas sem imposições exageradas, têm do Orixá **Yori** grande influência.

Xangô é o Orixá da justiça, do equilíbrio cármico. O filho correto na sua vida, justo e que demonstra correção nos seus atos tem forte impulso dessas vibrações.

No Orixá **Ogum**, encontramos as vibrações das paixões humanas. Estimuladas, essas energias se mostram violentas e prejudiciais, estabelecendo-se verdadeiras "demandas" existenciais, pois geram muitas dúvidas e insegurança. Quando há equilíbrio, Ogum é regente de energia criadora e sublimada. Em desequilíbrio, os filhos se tornam impacientes e até violentos na busca de seus ideais, pois se mostrarão excessivamente apaixonados na vida.

Em **Oxóssi** temos a cura de todas as chagas. Os que estão sob sua influência vibratória encontram a harmonia existencial numa vida saudável e sem sinais de doenças. Foram em vidas passadas chagados pelas pestes, epidemias e doenças fatais de antanho.

Em **Yorimá** existe a disciplina. Os filhos sob sua regência terão de buscar o equilíbrio na sabedoria das coisas simples da vida. São filhos confiantes sem serem inflexíveis, sendo ternos e singelos.

É bom ficar claro que todas as vibrações influenciam. É como se cada um dos filhos tivesse sete vetores, um de cada Orixá. O que pode ocorrer é, dependendo do momento existencial e cármico de cada filho, um vetor estar mais "dinamizado" que o outro, mas nunca ocorrer de um preponderar indeterminadamente sobre os demais.

Nessas "vibrações expressas, que têm comprimento e frequência e que um dia a Física da Terra irá descortinar", denominadas Orixás, o que são os vetores que estão em nós e que as "percebem" ou "recepcionam"?

São os chacras. Cada vetor tem uma correspondência vibratória com um Orixá. Não detalharemos a função e a atividade desses centros transformadores de energia, uma vez que os filhos têm à disposição essas informações há milhares de anos.

Isso não quer dizer que essas vibrações, dos Orixás, que ainda a tecnologia dos homens não conseguiu "medir", estejam exclusivamente em cada localização vetorial. É como se houvesse coordenadas dimensionais nos chacras, próprias do giro desses centros, que "recepcionam" essas posições vibradas e fazem as mediações com os corpos sutis para a perfeita saúde e equilíbrio do Espírito na sua vivência evolutiva no mundo manifestado, ou da forma, nos planos físicos, etéreo e astral.

Nos estados de consciência preponderantes nos planos mentais, búdico e átmico, ainda não conseguimos referência nas letras dos filhos que possam transformar essas comparações em palavras possíveis de entendimento.

Ficamos confusos. Os Orixás têm a estrutura dos corpos sutis dos homens: etéreo, astral, mental, búdico, átmico?

Não. Os Orixás não se manifestam diretamente nos vários planos vibratórios do Cosmo, nem são um estado de consciência como os filhos entendem. Sendo a própria representação vibracional do Criador, espécie de outorga divina, têm em si as potencialidades Daquele que a todos assiste, mas são imanifestos em suas manifestações. Como falamos anteriormente, se fazem presentes energeticamente aos filhos, mas não são as energias em si. Entendemos que é de difícil compreensão aquilo que ainda não consegue ser definido integralmente na atual capacidade de entendimento dos filhos, inclusive por uma limitação de vocabulário terreno, como já falamos.

De tudo que foi dito, aferimos que o homem tem uma consistência setenária?

Podemos dizer que os filhos são estruturalmente compostos de sete dimensões vibratórias principais em perfeita correspondência com os diversos planos de vida do Cosmo: físico, etéreo, astral, mental inferior, mental superior, búdico e átmico. Esses corpos sutis que "compõem" os filhos têm sua representatividade em centros transformadores de energias, que se definem como chacras: básico, esplênico, umbilical, cardíaco, laríngeo, frontal e coronário.

Há um princípio setenário regulativo da vida no Cosmo, e a *Aumbandhã* explica essas vibrações cósmicas interpenetradas que são os Orixás. Os corpos sutis seriam como a expressão da vida no mundo manifestado em sete grandes planos vibratórios, sendo os chacras espécies de antenas receptoras, de pequenos transformadores de energia para a manifestação das centelhas espirituais que se desgarraram do Todo Cósmico e agora evoluem individualmente por meio do "atrito" com o mundo das formas.

Conforme os filhos vão ascendendo vibratoriamente, os corpos mais densos e os chacras inferiores vão se "desfazendo". Para efeito de exemplo, é como se um Espírito em planos mais rarefeitos, menos preso à forma manifestada, fosse pura energia, em pálido arremedo na sua constituição do que um dia foi em corpo físico e astral, vibrando intensivamente como se tivesse somente um grande chacra coronário.**

Poderia nos dar algum exemplo da "dinamização" dos Orixás num determinado momento existencial e cármico?

O próprio movimento de Umbanda na sua atualidade é um bom exemplo. A maioria das manifestações mediúnicas, visíveis aos olhos dos filhos pela chamada mecânica de incorporação, se dá pelas falanges de Ogum e Xangô. Disso se conclui que a coletividade consciencial ligada ao mediunismo da Umbanda se rege ainda por esses dois Orixás em sua forma manifestada. Isso quer dizer que os filhos ainda estão enfrentando grandes demandas internas e que estão em busca da justiça e do reequilíbrio cármico.

Como em sua maioria os médiuns de Umbanda são ativos em relação à magia, ou seja, muito se utilizaram de recursos magísticos em proveito

---

** É por isso que os seres mais evoluídos do Cosmo têm dificuldade de atuar na matéria e nos planos mais densos, como o nosso na Terra. Não é por não terem mais os corpos inferiores, mas especificamente por terem "desfeito" ou "perdido" os chacras, que são ferramentas, janelas ou condutos de atuação energética para e nos planos menos rarefeitos. É por esses motivos que Ramatís nos explica, quando responde em capítulo anterior sobre a atuação dos Espíritos em corpo mental no Plano Astral, que eles – Espíritos mentores – se apropriam do corpo astral ou etéreo do medianeiro desdobrado, como se "acoplassem" nos seus chacras, conseguindo interferir nas comunidades umbralinas em prol da caridade socorrista de cura. Isso é muito semelhante à mecânica de incorporação na Umbanda. Os Guias e Protetores precisam dos chacras e dos corpos inferiores dos medianeiros para os labores assistenciais. Quanto ao ovoide que caracteriza o corpo mental, é como se somente um grande chacra coronário existisse. Podemos inferir todo o processo de transformação da forma humanoide para as consciências superiores, futuros arquitetos e engenheiros siderais.

próprio em existências passadas, agora se encontram no caminho do reajustamento cármico, tendo de fazer a caridade e propiciar a cura para muitos, maneira justa de reaverem o reequilíbrio com a Lei, situação que gera grande demanda com os parceiros de outrora, inimigos e desafetos de hoje, sejam encarnados ou desencarnados. Logo, as vibrações dos Orixás Ogum e Xangô ditam os "vetores" vibratórios que se destacam na maioria dos filhos envolvidos com a mediunidade no movimento umbandista. Tal situação, sob certo aspecto, demonstra o carma desta nação, chamada Brasil, pela abrangência da Umbanda nessa pátria, que está de acordo com a própria formação racial e cultural de seu povo.

Diante da "complexidade" do tema ao espiritualista menos familiarizado com o esoterismo umbandista, pedimos que nos explique sobre o que, efetivamente, sejam os Orixás.
Tentaremos ser direta e simples, utilizando exemplos aos menos chegados ao esoterismo umbandista, facilitando o entendimento ao maior número de filhos.

Existem planos vibratórios que estão paralelos em densidade e frequência, mas interpostos uns aos outros. Quando um recém-desencarnado que foi socorrido desperta em um hospital espiritual do Plano Astral, ele se encontra num entreposto transitório, intermediário entre duas dimensões de vida diferentes. Essas estruturas energéticas são "construídas" por seres espirituais de alta estirpe, que elaboram formas mentais e as plasmam com o pensamento no éter que a todos envolve. Desse hospital, passará para a dimensão correspondente ao seu nível energético e padrão vibracional do corpo astral. Há os que continuam perambulando no que os filhos denominam de umbral, que poderemos chamar de Astral Inferior, uma região muito "pesada" e que reflete o estado íntimo de cada criatura que por ali se encontra.

Tudo é exteriorizado das mentes afins, com formas de cavernas escuras, abismos intermináveis, favelas e cidades medievais perdidas no tempo. A manifestação de todos esses Espíritos nas formas plasmadas, do físico ao plano dimensional mais rarefeito que os filhos possam conceber, é regulada pelos Orixás, verdadeiras vibrações cósmicas provindas do hálito de Deus. Quando um Espírito elevado plasma, com sua força mental, um hospital no Astral, essa formação energética se mantém indefinidamente pelas leis reguladoras dos Orixás. Os Espíritos não precisam ficar o tempo todo mentalizando para manter a forma requerida.

Assim é no Universo infinito, onde essas posições vibradas, ou Orixás, se fazem presentes em todos os planos em que a vida espiritual se viabiliza pela manifestação nas formas. Os Orixás não encarnam e são princípios vibratórios regentes no Cosmo.

Se os Orixás são vibrações cósmicas reguladoras da manifestação dos Espíritos na forma, por que há tanto folclore, imagens e Orixás se fazendo "ver" no mediunismo umbandista? Os homens não se excederam no fetichismo e não personificaram em demasia?

Sem dúvida! Os homens necessitam de apoios visíveis e que possam tocar em seus sentidos físicos para acreditarem e terem fé. Infelizmente, quando um "Ogum" rodopia na entrada de um terreiro com espada de São Jorge na mão, um "Xangô" cai ao chão em urros batendo com a cabeça ou "Oxóssi" se personifica em um médium vestido de índio em espécie de transe anímico e folclórico, entristecemo-nos por todos esses exageros. Respeitamos a consciência e a necessidade espiritual de cada cidadão, mas não podemos estar de acordo com os disparates de alguns "umbandistas" que transformam as giras e os terreiros em verdadeiros espetáculos circenses, onde as apoteoses chegam a ser mais importantes que qualquer outro trabalho de caridade.

A discrição, a humildade e a simplicidade dos verdadeiros Guias e Protetores das vibrações dos Orixás da Umbanda Sagrada aceitam e respeitam as imagens que materializam a fé ausente, muito em decorrência do sincretismo religioso e pouco dos ensinamentos umbandistas, mas abominam os exageros em que alguns homens incorrem pela vaidade desmesurada que os move.

O que são esses vários santos do catolicismo considerados Orixás?

Não são Orixás, pois esses "santos" são Espíritos de homens, assim como os filhos, nada mais. Muitos já reencarnaram e outros estão a dar consultas anonimamente em humildes casas de Umbanda ou a orientar, por intermédio da psicografia, em mesas kardecistas.

Permanece o sincretismo como maneira de identificação do santo de fé para aqueles doentes da alma e desesperados que chegam às multidões nas portas dos terreiros e templos umbandistas, que ao se depararem com essas imagens se sentem carinhosamente acolhidos pelos "céus". Além do mais, as imagens desses santos nos congás se tornam importantes pontos de catalisação para a magia astral, pois ficam imantados de fluidos benfazejos, sendo instrumentos de recepção das emanações mentais de fé, adoração, respeito e amor espargidas e direcionadas pelos consulentes, servindo essas formas mentais para criação de egrégora elevada, fortalecendo a corrente mediúnica e a manifestação dos Pretos Velhos e Caboclos.

Muito escutamos médiuns e chefes de terreiro dizerem que estão "incorporados" de Xangô ou Oxóssi. É possível "incorporar" um Orixá?

Vamos nos repetir: Orixá não encarna e muito menos "incorpora". O que pode ocorrer é que esses médiuns estejam assistidos, pela mecânica de incorporação, por um Guia ou Protetor das falanges regidas por esses Orixás, o que acreditamos ser o mais comum.

Infelizmente, ainda pouco se estuda na Umbanda, sendo o conhecimento passado oralmente pelos mais antigos, hábito que manteve as tradições, mas que muito serviu para atender a interesses pessoais. A simplicidade com que se atende os consulentes e que se pratica a caridade nos terreiros pode conviver harmoniosamente com o conhecimento e o estudo continuado, sem afidalgar-se.

O que não deve continuar ocorrendo neste novo milênio, nesta Era de Aquário, com a nossa amada Umbanda, são as mistificações encobertas pelas vaidades humanas. Colocar a responsabilidade nos Caboclos e Pretos Velhos, nos Guias e Protetores, escondendo-se médiuns e chefes de terreiros na "inconsciência", que cada vez é mais rara, só serve para difamar a Umbanda e fortalecer a sintonia com as trevas.

O que as falanges de Ogum e Xangô fazem, respectivamente, quando em demandas no Astral Inferior com organizações malévolas?

A atividade espiritual das falanges regidas pelas vibrações do orixá Ogum, entre outras, está ligada aos grandes embates astrais nas comunidades do umbral inferior, que são antros de magia negra a servir os filhos em seus objetivos mais imediatos, em total desrespeito ao livre-arbítrio, merecimento e carma individual do irmão ao lado.

Muitas vezes, o pedido de retorno do marido pela companheira abandonada, em vez de alicerçado em sentimento amoroso, se mostra como apego exagerado em desesperado egoísmo, que tudo fará para se ver satisfeito no seu ideal de falso amor. Como para quem paga existe sempre quem receba, muito as falanges de Ogum atuam combatendo os marginais do umbral inferior que tudo realizam para conseguir o fluido animalizado de uma oferta de sangue quente derramado.

Nos casos de desmanchas de feitiçarias, as falanges e legiões de Ogum vão à frente e retêm essas comunidades desrespeitosas das leis cármicas; isso quando o consulente tem merecimento para tal movimentação, sendo que o seu próprio livre-arbítrio deverá ser respeitado. A atividade cármica de Ogum na Terra é abrir os caminhos para que as demais falanges dos Orixás atuem.

As falanges de Xangô são as responsáveis pelos reequilíbrios cármicos, como fiéis detentores da balança divina dos destinos. As comunidades "retidas" pelas "tropas" de Ogum são entregues às legiões de Xangô, que promoverão a justiça.

Muitas vezes, um mago negro e sua organização, pelos seus desmandos e total desequilíbrio com as leis cósmicas, precisam ser retidos e levados para os tribunais de julgamentos que existem no umbral inferior sob a tutela de mentores e Guias de Xangô. Nesses locais de detenção, provisórios, se estabelecerá a análise cármica de cada Espírito. Os mestres ali atuantes definirão qual a melhor solução, dentro das Leis Divinas, para cada individualidade. Uns reencarnam imediatamente, alguns se dispõem ao estudo e à mudança mental. Outros, infelizmente, precisam ser removidos para planetas mais atrasados e difíceis para a vida, solução benfeitora para esses irmãos enrijecidos no mal voltarem-se para os trilhos evolutivos.

Nas zonas abismais do umbral inferior, onde se encontram essas fortalezas da luz do Cristo, mantidas por altas entidades siderais envolvidas com as vibrações de Xangô, verdadeiros mestres cármicos, existem escolas de aprendizado corretivo. Os que ali permanecem se preparam para reencarnar.

Há ainda um número expressivo de Espíritos de grande conhecimento da magia, mas de baixa moral, que se dispõem por livre vontade a atuarem como Exus, ou executores das Leis Divinas, instrumentos de serventia para os Caboclos e Pretos Velhos nas hastes umbandistas, como maneira justa de se reabilitar com a Leis Divinas e atenuar seus pesados débitos antes de reencarnarem.

Quando os Caboclos dessas falanges, que têm as incorporações mais "estrondosas", se manifestam, que tipo de energias eles manipulam e o que pode ser considerado animismo e mediunidade, já que a inconsciência é cada vez mais rara? Existe semiconsciência e como se dá?

"Estrondosas" em que médiuns e templos? Os rodopios exagerados, os gritos acompanhados de esgares compulsivos, a voz estridente, as ordens ríspidas, os gestos violentos, os "caciques" vaidosos ou os obscenos nas palavras nada têm a ver com as entidades espirituais, pois os Caboclos dessas vibrações são disciplinados como todos na verdadeira Umbanda Sagrada. Esses comportamentos podem ser considerados animismo dos médiuns. Cabe aos diretores espirituais e pais de terreiro sérios mostrarem que a semiconsciência é o envolvimento mediúnico que deixa o médium com a consciência alterada em diversos níveis, não sendo acompanhada dos exageros derivados das carências psicológicas dos filhos pela falta de autoconhecimento e orientação adequada.

Obviamente, nos médiuns em educação e desenvolvimento, essas situações são até aceitáveis, um tanto normais, pois ainda há grande dificuldade de percepção fluídica e realmente os lapsos de consciência ocorrem em alguns casos, fazendo com que os aparelhos entrem em quase transe cataléptico, após a atuação das entidades, pelo desacoplamento do corpo astral. Aos poucos, a mecânica de incorporação vai se suavizando, e os médiuns se tornando dóceis à vontade do Guia ou Protetor, quando bem orientados em ambientes de elevada moral.

As energias mais utilizadas são o ectoplasma e as dos quatro elementos: ar, terra, água e fogo.

Quando se deve invocar as vibrações de Oxóssi?
Oxóssi, tendo no ar e em todos os elementos expansivos que envolvem o planeta uma grande influência, envolve todas as almas chagadas e supliciadas por doenças as mais diversas na superfície terrena. As entidades ligadas a essa linha vibratória são genuínos curadores, desde a ancestralidade mais remota, ensinando o amor e a resignação aos desígnios divinos nos momentos de maior dor dos filhos doentes, que os levam à reflexão sobre as causas das mazelas que os afligem. Combatem os fluidos pesados do Astral Inferior, atuando na manipulação magística dos elementos da natureza.

Interferem no corpo etéreo dos filhos caídos pelas moléstias, como verdadeiros médicos do Além. Por meio do "afrouxamento" da coesão das moléculas etéreas desse corpo sutil, realizam intervenções delicadíssimas nos duplos dos órgãos do corpo humano, em muitos casos substituindo tecido inerte por saudável, com manipulações ectoplásmicas bastante delicadas.

Como se dá essa atuação no duplo etéreo dos órgãos e como isso gera a cura na contraparte física?
O corpo astral é uma cópia fiel do corpo físico, altamente moldável pela mente, por sua plasticidade. O corpo etéreo é o mediador que faz a ligação com o corpo físico, mais denso e semimaterial, como se fosse uma chapa fotográfica. Para melhor entendimento, imaginem um raio x, espécie de filme negativo completo de todo o corpo humano, tridimensional, tendo altura, largura e profundidade exatas para a revelação fotográfica em várias posições diferentes, mantendo fielmente registradas todas as peculiaridades anatômicas e fisiológicas do corpo somático.

Partindo desse princípio, qualquer alteração no filme negativo, neste caso o duplo etéreo, alterará a contextura em alguns pontos e órgãos, o que ocasionará repercussão vibratória no lado físico. Utilizando-se a energia magnética do aparelho mediúnico, associada a energias de alta frequência vibratória impostas pelo Caboclo de Oxóssi, direcionando-as para o paciente adoentado, nos locais em que se instalaram as moléstias no corpo físico, supera-se a coesão molecular, as forças atrativas constituintes da matéria e que dão forma aos tecidos, tornando-os maleáveis às intervenções do Plano Astral. Para se forjar uma peça em ferro, é necessário o metal derretido, líquido, por mais hábil que o ferreiro seja.

Pode dar-nos um exemplo prático de cura nesses moldes?
Uma filha se vê perseguida por uma colega de trabalho diante de uma promoção iminente. Essa oponente, desairosa em seus interesses, procura macumbeiro de aluguel que a tudo resolve. Com o devido pagamento, almeja conseguir o cargo tão visado, não importando os meios e o mal causado. Com despacho para entidades de baixo escalão vibratório, esse mago encarnado invoca forças do submundo astral para o intento nefasto da contratante. Utilizando catalisadores próprios no plano físico e invocações de que não cabem maiores detalhes neste exemplo, juntamente com sangue de animal com quatro patas, sacrificado, e pimenta vermelha, o mago negro desencarnado obtém fluidos para confecção de ovoide ectoplásmico altamente enfermiço. Este é fixado no chacra gástrico da filha, alvo do enfeitiçamento nefasto, por implante de pequeno aparelho processador, advindo rápido transtorno somático no estômago, transformando-se rapidamente em câncer paralisante.

Essa filha, desalentada pela situação inesperada em que os meios médicos terrenos se mostram inócuos e os tratamentos espirituais "convencionais" nada resolvem, procura, desesperada, uma Casa de Umbanda como último recurso. Durante a consulta, se pede que a filha fique até o final para trabalho de demanda e desmancho. Nesse atendimento, as falanges que dão apoio à corrente mediúnica apreendem a organização malévola prestadora do serviço de enfeitiçamento cruel, desfazem o campo de força do despacho realizado e que está vibrando no Astral, afastam todos os Espíritos sofredores que vampirizam as energias da filha em atendimento. Trazem o engenheiro que construiu o aparelho eletrônico fixado no chacra gástrico, fazendo-o retirá-lo. Isso feito, "limpo" o terreno para o jardineiro trabalhar, Caboclo de Oxóssi incorporado procede a atendimento curador: com assovios e mantras próprios intercede no estômago adoentado, aumentando a vibração do duplo etéreo do órgão, afrouxa a coesão molecular e refaz os tecidos etéreos prejudicados. Muito em breve a filha assistida estará curada. Tudo isso acontece em 10 a 15 minutos do tempo dos filhos.

As entidades de Yori, ditas crianças, quando incorporadas, brincam, chupam balas, se lambuzam de doces e fazem peraltices. Essa é a magia desse Orixá?

Os filhos se veem anestesiados na guerra que é a vida no vaso da matéria. É a luta pelo pão diário; são os pequeninos em casa para educar e sustentar, o chefe que impõe carga horária excessiva no trabalho, os longos e cansativos deslocamentos nas grandes cidades, enfim, intrigas, embates, ciúmes e competições modernas que se não levam os filhos a pegar em armas como antigamente, induzem-nos aos instintos animalescos de preservação como se fosse para manter o território do clã das velhas tribos. Essa corrida louca desequilibra lares e vidas pela acirrada concorrência que o espaço a ser conquistado na sociedade contemporânea impõe aos filhos de todas as classes e culturas, sendo que, especialmente para os pobres do bolso, desprovidos das moedas mundanas, injunções fortíssimas do instinto de sobrevivência ameaçado, os levam ao roubo e à criminalidade armada. Muitos há que caem diante desses percalços, encaminhando-se às estradas dos vícios variados e ao morticínio para satisfazê-los.

Tão vasto campo de batalha pela vida favorece os condicionamentos milenares que estão no inconsciente dos filhos, assim, além daqueles que são levados por mentes dominadoras para o caminho dos desvios aos valores morais superiores, há os que planejam enriquecimento ilícito, bem situados na sociedade perante os homens, e que estabelecem os grandes assaltos e o comércio das drogas destruidoras.

Diante do exposto, um terreiro de Umbanda é alento às almas atordoadas. No exercício da caridade desinteressada, as falanges benfeitoras do orixá Yori trazem momentos de resgate da pureza espiritual a todos, pois assim como o mestre Jesus espargia luz indistintamente a todos que estavam ao alcance de sua aura quilométrica, também dessa forma agem tais entidades. Por determinações superiores, compartilham suas vibrações sutilizadas, conduzindo todos os circunstantes, médiuns e consulentes a um momento de felicidade tranquila e serena, qual sentimento de beatitude que arrebatava aqueles que escutavam as doces palavras de alento do Cristo-Jesus.

As entidades que labutam na Umbanda na faixa de Yori se apresentam em formas astrais infantis, de crianças, sendo em sua maioria Espíritos puros, do bem. Por intermédio das suas vibrações de pureza e inocência espiritual, imprimem sutilíssimas impressões em todos os que estão em seu raio de ação. Vinculam-se ao psiquismo dos aparelhos mediúnicos, a fim de lograrem rebaixamento vibracional para realizarem a magia que lhes é destinada. Conseguem atuar nos sítios energéticos etéreos e astrais da natureza com grande desenvoltura, pois, por serem puros, "crianças espirituais", estando totalmente desvinculados dos apelos inferiores tão comuns aos filhos retidos no ciclo carnal, são grandes magos ligados aos imaculados Espíritos da natureza.

Desfazem e neutralizam qualquer energia enfermiça. Por isso, é de uso comum nos terreiros o aforismo popular "o que os filhos das trevas fazem, qualquer criança desfaz para o bem". Essas entidades, quando incorporadas, falam de maneira mansa, dando a impressão de serem infantis, induzindo os ouvintes a resgatarem em si a pureza espiritual há muito esquecida. Muitas proveem de estâncias cósmicas ainda inimagináveis aos filhos na Terra.

Quanto a esses amigos espirituais "fazerem" seus médiuns brincarem, comerem balas, doces e fazerem outras peraltices, isso é de somenos importância diante do bem-estar que causam. Claro está que, por serem de alta envergadura espiritual, tais "infantilidades" não corroboram a pureza espiritual infantil com que se apresentam. De maneira infeliz, alguns médiuns aligeiram-se em chamar as atenções com rompantes ânimicos, apoiados por diretores encarnados que em azáfama vaidosa, à maneira de pavão querendo mostrar as caudas em leque, se deixam levar por extravagâncias dispensáveis como a de se lambuzarem as faces e cabelos com doces e guloseimas. Contudo, afora algumas reações mais impetuosas de poucos, simbolicamente nesses eventos, a Espiritualidade mostra a importância de todos se manterem crianças espirituais, pois o tornar-se adulto na carne leva os filhos a serem taciturnos, dissimulados, frios e distantes do amor fraternal que a todos abriga no Cosmo.

Há de se distinguir que a Umbanda, em sua popularidade, arregimentou várias festividades religiosas dos homens, em especial as ligadas ao Catolicismo, como mãe que a todos acolhe. Sendo assim, as armações festivas em várias datas "santas", que não são verdadeiramente da Umbanda, mas, sim, decorrentes do sincretismo religioso, como nas ocasiões de São Cosme e São Damião, servem de instrumento para a união e alegria entre os filhos, que se movimentam com dedicação esmerada nessas ocasiões. Entre uma Umbanda fria e distante dos filhos e uma Umbanda de festividades, fiquemos com a segunda, mesmo que com alguns exageros folclóricos de certos médiuns e terreiros.

Essas oportunidades de encontro, divertidas, dão ensejo aos filhos simples e puros nos corações, que diariamente adentram os terreiros de Umbanda aos milhares, de tirarem a "armadura" da guerra da vida e se entregarem como crianças nas brincadeiras entre "amiguinhos", desobstruindo a mente das mazelas da sociedade que tiraniza as confraternizações desinteressadas, subjugando-as aos valores modernos de gozos e prazeres materiais. Consideremos que, igualmente, se desopilam da falsa racionalidade imposta como "disciplina" de conduta com as coisas divinas, aliviando o Espírito das contrições culposas pelas "faltas" pecaminosas cometidas em vida e que marcaram as entranhas do inconsciente dos filhos, registrando no psiquismo legítimo terror infernal em relação às lides além-sepultura, imposição das religiões ditas cristãs ao longo dos tempos e que ainda verificamos em muitas doutrinas recentes entre os homens.

A espontaneidade com as coisas espirituais também está em se ter alegria e bom humor. Rotineiramente, temos ocasiões "sociais" em Espírito, onde as brincadeiras inocentes são forma de descontração. Se há exageros nessas solenidades terrenas e se na opinião de muitos filhos tenha de haver dor, sofrimento e compungimento lacrimoso para o trato com as coisas divinas, não é por conta dos Espíritos benfeitores da Terra, mas única e exclusivamente pelas mentes doentias e enfermiças dos encarnados.

O Orixá Iemanjá serve somente para limpeza astral?

Limitarmos tarefa de tal envergadura, que envolve toda a aura planetária, a "somente limpeza astral" é reduzir o trabalho de um Hércules, assistido pelos Deuses do Olimpo, ao de uma formiguinha carregando um pedacinho de folha de couve às vésperas da estação invernal. As qualidades de limpos e asseados, em que os filhos se mostram em suas casas, ruas, bairros e cidades, não demonstram o esforço da faxineira e dos garis que realizam a limpeza pública.

Todo o equilíbrio planetário, das marés e movimentações dos elementos hídricos, passa pelas vibrações de Iemanjá. O magnetismo e o movimento lunar que envolve a Terra, qual pedaço de chumbo que dá alinhamento aos pneus rodantes dos vistosos automóveis dos filhos, mantêm o eixo rotatório do planeta sem oscilações ou desvios. As entidades que labutam em nome desse Orixá atuam mais no Plano Astral e são fundamentais na higienização etérea e astralina, desmanchando fluidos pesados das mentes encarnadas e das localidades do umbral inferior.

O que fazem os Guias e Protetores de Oxalá e por que raramente se manifestam pela mecânica de incorporação?

Os Guias e Protetores de Oxalá são os valorosos mestres que orientam o movimento de Umbanda na Terra. Muitos são de outros planetas e se encontram na Grande Fraternidade Branca Universal auxiliando a evolução dos filhos. Atuam nas numerosas movimentações espirituais interplanetárias que fazem parte da constante e genuína marcha dos astros no Cosmo.

Não se manifestam pela mecânica de incorporação pelo fato de os chacras e centros energéticos do complexo físico, etéreo e astral dos encarnados não "responderem" às suas vibrações de alta frequência, como se fossem delicados pássaros que após queda em lagoa movediça, putrefata e viscosa não conseguissem voar pelo lodo impregnado nas delgadas asas. Assim, se utilizam da irradiação intuitiva, inspiração e clarividência quando encontram aparelhos mediúnicos moralizados e de bons sentimentos e conduta. Nas suas comunicações, trazem conhecimento e alento, conforto e orientação a todos que os ouvem. Assim como o Sol, expandem seus raios indistintamente no planeta.

Tivemos a maior personificação das vibrações de Oxalá na Terra no Cristo-Jesus.

O chamado povo do Oriente ou agrupamento do Oriente é comandado por qual Orixá e quais os seus propósitos?

Oxalá. São entidades que têm o firme propósito de cura, agindo em delicadas cirurgias astrais e nos corpos sutis dos consulentes encarnados e desencarnados estiolados pelos sofrimentos após a sepultura. Assumem roupagens fluídicas relacionadas com encarnações no antigo Oriente: persas, chineses, hindus, egípcios, gregos, etíopes etc. Realizam valiosa colaboração em situações que envolvem fortes cristalizações mentais de ocorrências pretéritas traumáticas, marcantes no inconsciente dos atendidos, que hoje afluem no psiquismo periférico ou consciente, causando mal-estar, disposições mórbidas e toda a sorte de somatizações deletérias nos encarnados e desencarnados.

Grosso modo, imaginem uma extensa exposição de quadros que representam uma existência milenar. Esses Guias e Mentores entram nessa galeria e vão até o quadro exposto em que está registrado o acontecimento fatídico desequilibrante. Permanecem intocável a moldura e o número de quadros em exposição, mas em um, especificamente, trocam a tela em questão, alterando seu cenário desventurado e doentio para um venturoso e saudável. Não é "pintada" uma nova experiência sem ela ter sido vivenciada. Quando há merecimento, vão até uma situação outrora vivida pelo Espírito imortal, visto que a memória é única num contínuo tempo, e a registram na galeria exposta para "ecoar" na vida presente do assistido, aliviando-o dos tormentos desequilibrantes do passado.

Como dito por Ramatís anteriormente, "sendo a memória única no contínuo tempo da individualidade espiritual imortal, apagar estímulos de memória não significa destruir o quadro rememorativo da vivência pretérita, que continuará integrando a memória perene; somente não haverá rememoração na atual vida do encarnado, cessando as ressonâncias desequilibrantes". Trata-se de um erro de interpretação que tem gerado muita controvérsia, ao que tentaremos dar maiores luzes no próximo capítulo, bem como ao trabalho dos Pretos Velhos e as ressonâncias de vidas passadas como fatores perturbadores na encarnação presente.

Afirmamos que a maioria das entidades que atuam no agrupamento do Oriente também se apresenta como Caboclos e Pretos Velhos nas demais atividades do mediunismo umbandista.

Observações do médium

Ramatís vem nos conduzindo a algumas nuanças da Espiritualidade. Estamos refletindo profundamente sobre a sabedoria das leis cósmicas e a justiça Divina que se faz presente em todos os quadrantes da existência, enquanto somos seres vivos desde a criação e por toda a eternidade. Em especial, o ciclo reencarnatório leva-nos, inevitavelmente, à formação de uma consciência holística, desde que nossos registros inconscientes de vidas passadas, individuais e coletivos, ou arquétipos, que repercutem na vida presente como atavismos, estão sendo trabalhados continuamente. Desse modo, ontem fomos alquimistas, católicos, ateus, hoje somos espíritas, umbandistas, místicos. Amanhã seremos seres em que o amor determinará a nossa convivência com a divindade em espectro mais amplo, pois a teremos experienciado em diversos prismas da Terra, e a verdadeira fraternidade será um modo de vida.

Nessa linha de raciocínio, afirmamos, fruto das nossas singelas experiências com Ramatís e todos os amigos espirituais, que eles estão unidos em prol da nossa evolução e que, a partir do nível vibratório em que atuam comumente, há uma unidade crística consciencial e não existem as religiões, doutrinas ou crenças como percebemos na Terra.

Foi-nos dado saber há algum tempo, mas somente agora, neste livreto, Ramatís "permite-nos" compartilhar com os leitores algumas novas informações de suas encarnações passadas – que têm relação conosco como instrumento mediúnico, o que não desautoriza de maneira alguma os relatos disponíveis do inigualável e saudoso Hercílio Maes. Comentamos por cronologia das encarnações, e não na ordem em que esse mentor amoroso nos mostrou em desdobramento clarividente durante o sono físico, como segue.

Mostrou-se como um extraterrestre de um planeta próximo à estrela Sirius, como descrevemos no primeiro capítulo; teve uma encarnação na Atlântida como sacerdote *Aumbandhã* dos velhos Templos da Luz, um mago instrutor do conhecimento uno e primevo. Essa encarnação foi abordada na obra *Chama crística*, nosso primeiro livro; um tempo após a encarnação atlante, não sabemos ao certo, Ramatís foi um cacique indígena, líder de uma expressiva tribo nos territórios da antiquíssima América do Norte, que ocupava extensa região geográfica, hoje conhecida como Planalto do Colorado. Uns poucos remanescentes desta, que foi a maior civilização indígena em terras ocupadas, são os índios Hualapai. Os seus povos ancestrais ocuparam quase todo o Grande Canyon até as montanhas rochosas. Isso ocorreu há mais de 10 mil anos e, naquela época, era comum a existência dos mamutes. Foi uma vivência de paz e bonança para toda a comunidade silvícola sob seu comando. O clima não era árido naquela região como é nos dias de hoje, e a agricultura já era dominada em larga escala nos vales verdejantes que cercavam o Rio Colorado em toda a sua extensão. Muitos Espíritos que sofreram desencarnes abruptos durante os cataclismos atlantes foram abrigados nessa coletividade ameríndia. Nesse ambiente de tranquilidade, Ramatís orientou espiritualmente os Espíritos peles-vermelhas mais teimosos e imorais. Xamã benevolente, grande chefe disciplinador daqueles corações imorais que ficaram sob a sua guarda na carne, desencarnou serenamente deixando a tribo em franca prosperidade. Foi casado com uma linda índia, de longos e lisos cabelos negros, olhos "amarelados" sem igual, muito sábia e tranquila. Tiveram vários filhos, mas um único foi seu aprendiz xamânico e, mais tarde, o substituiu no comando da tribo, que hoje é a entidade Caboclo Pery, "nosso" fiel protetor espiritual de todas as horas. O Espírito milenar que foi a esposa de Ramatís naquela encarnação, na atualidade, é a entidade venusiana Cabocla Jurema no mediunismo de Umbanda, chefe de falange na vibração de Oxóssi (essa encarnação indígena foi-nos mostrada como se fosse uma viagem astral, em que enxergamos todo o vale do Rio Colorado, da época, como se entrássemos numa tela cinematográfica tridimensional).

Apresentou-se como um filósofo grego de uma fraternidade iniciática hermética, quando se chamou Pitágoras, situação também relatada no livro *Chama crística*. Recentemente mostrou-se como uma espécie de filósofo egípcio das coisas transcendentais, de cabelos encaracolados até os ombros, belo e de olhos azuis muito expressivos. Foi um iniciado na secreta Confraria dos Essênios à época de Jesus, tendo tido contato direto com o Divino Mestre. Na configuração astral dessa encarnação, vestia alva túnica e tinha sobre o peito um ornamento dourado em formato de uma grande letra T em ouro, preso a uma larga corrente também dourada. Na interseção do traço horizontal com o traço vertical que forma essa peça de ourivesaria, há cravado um triângulo esmeraldino. Nessa ocasião da aparição astral como filósofo egípcio, Ramatís informou-nos que a letra T simbolizava uma cruz em particular, que os estudiosos da Terra chamam *Crux Ansata* (Cruz Ansata), que é a "cruz da vida" dos egípcios. A presença da letra T, que é a última letra do alfabeto hebraico – não sendo o povo judeu que lhe deu origem, pois é mais antiga que ele – é o Tau; para os egípcios, é a síntese do Espírito e da matéria, o mistério do encontro da vertical com a horizontal: a imortalidade da alma que os iniciados compreendem. Quanto à esmeralda triangular, disse-nos que era um catalisador para manipulação das energias etéreas utilizadas nas curas daquela época, assim como a pedra que tinha no turbante quando da sua vivência como hindu.

Antes de sua encarnação na Indochina, de todos conhecida, e após o advento da personificação do Cristo em Jesus, foi um negro mouro feiticeiro, curador, na antiga região da Mauritânia, na África. Nessa vivência na carne, igualmente foi líder espiritual de um gênero tribal, mas com algumas dificuldades físicas, pois tinha uma pequena deformação na perna esquerda que dificultou seriamente seus movimentos na velhice, aliado a problemas congênitos de circulação periférica que redundaram em grave reumatismo. Nessa ocasião, foi um exemplo de conduta espiritual, pois, estando sob o guante de um corpo transitório defeituoso até o fim dos seus dias, em adiantada idade para os padrões da época, alentou e curou muitos enfermos, dando mostra da certeza da anterioridade espiritual e da continuidade da vida imortal diante dos impositivos materiais de uma encarnação, demonstrando a todos que dirigia religiosamente a prevalência do Espírito diante da perecibilidade corpórea.

Mostrou-se também em configuração astral correspondente à sua encarnação no século X, no máximo com 16 anos, quase um púbere em início de sua adolescência, de estatura mediana, sem turbante, com os cabelos soltos, muito negros e lisos, com olhos verdes, destacando-se na cor mate dos indianos, de nariz um tanto saliente, ao contrário do retrato tradicional em que seus olhos são castanhos e o nariz delicado.

Ramatís, por ser extremamente humilde, não gosta de falar de si. Impõe-se o seu exemplo pessoal, neste momento consciencial, para aqueles que simpatizam com seus singelos escritos e outros que estão sintonizados com a formação da mente holística e universalista da Nova Era. Mostra-nos algumas encarnações na Terra em que aceitou por amor experienciar várias religiões e raças para orientar muitos Espíritos em aprendizado na carne.

Trouxe-nos Vovó Maria Conga – desde Sirius estão juntos –, que foi sua fiel e inseparável assistente nos rituais mágicos no tempo dos mouros antigos da África e muito o auxiliou na duradoura velhice em um débil vaso carnal, para falar da Espiritualidade e de sua atuação, seja como Preta Velha laboriosa no mediunismo umbandista – seu compromisso conosco enquanto instrumento mediúnico – e também do seu exemplo como versada freira, entendida da psicologia humana, trabalhando com outro médium no kardecismo.

Ramatís, diante do imperioso compromisso com nossa evolução e expansão das consciências neste Terceiro Milênio, de longa data assumido com os Maiorais Sidéreos, em vez de falar de si, busca outro Espírito amigo irmanado nos mesmos propósitos, e em similitude do que ocorreu à época de Atanagildo, não se aprofunda em maiores digressões pessoais para fazer-nos refletir evolutivamente. De maneira amorosa, revela-nos algumas encarnações. Foi um cacique pele-vermelha nos idos da antiquíssima América do Norte e um negro velho em adiantada idade na África antiga, em ambas foi líder espiritual das tribos. Sucede que Ramatís trabalha arduamente no Espaço numa faixa crística que abrange em larga escala o mediunismo na Terra. Na Umbanda, afora sua "aparência" astral de hindu, impõe-se que se apresente como um Caboclo e um Preto Velho, ambos de profunda sabedoria – afinal são o mesmo Espírito – sobre a origem e destinação desse movimento do Espaço e suas finalidades para os terrícolas, comumente manifestando-se na mecânica de incorporação.

Nas ocasiões em que se apresenta como índio, tem grande penacho que lhe cai até os pés, de longas penas douradas, brancas e verdes. Tem nos pés sandálias em espécie de trançado de cipós e calças de um tipo de tecido de folhas marrons que não conseguimos definir. Desprovido de camisa, tem o alto do peito desnudo, mas veste um "colete" sem botões. Apresenta o mesmo colar dourado em T com triângulo esmeraldino, conforme descrito na encarnação como egípcio – essênio, utilizando-o como condensador etéreo das energias de alta frequência para as curas de consulentes e Espíritos sofredores nos trabalhos mágicos do ritual de Umbanda –, assim como também o faz com a esmeralda do turbante hindu.

Na roupagem fluídica de Caboclo, identifica-se na vibração do Orixá Ogum, enquadrando-se na posição vibrada do Caboclo X, de que entendemos prudente não dizer o nome para evitarmos incompreensões com alguns companheiros umbandistas que se consideram proprietários dos seus Guias e Protetores. Declaramos que a vibração desse Caboclo X abriga vários Espíritos que têm compromissos de esclarecimentos doutrinários sobre a Umbanda. É importante ficar claro que não existe somente um Caboclo X ou Pai Velho Y na Umbanda, mas um agrupamento de Espíritos que atuam com esses nomes, como se fossem chaves vibratórias, posições vibradas dentro da hierarquia do movimento de Umbanda, que é rígida e fixa quanto aos nomes das entidades que se manifestarão pelo mediunismo, aos homens, como Guias e Protetores.

Quando se apresenta como um Preto Velho, causa um pouco de "formigamento" na perna esquerda do médium, como decorrência de uma ressonância vibratória do reumatismo congênito que acompanhou sua senilidade à época da encarnação como negro mouro, e que repercute no corpo somático do aparelho mediúnico. Nessas ocasiões, adota o nome de Pai Benedito, sendo um dos sete chefes de falange, tipo um representante ou procurador do Orixá Yorimá, tendo enorme participação no Astral desde a fundação do movimento da Umbanda. É um dos mentores integrantes da Alta Confraria do Astral Superior que definiu o nascimento do movimento umbandista para a Terra – já era preexistente no Plano Espiritual desde há muito tempo – com a permissão direta de Jesus. Também nesse caso, em que Ramatís se "veste" de Preto Velho – personalidade de uma antiga encarnação sua –, não devemos confundir que todo Pai Benedito que se manifesta nos terreiros seja esse Espírito, pois há uma plêiade de entidades que atuam nessa posição ou chave vibratória para efeito de identificação aos homens.

Fomos autorizados a fornecer o nome que Ramatís assume na configuração astral de Preto Velho, pois ele nos diz que estamos preparados conscientemente para evitar certas confusões e interpretações inadequadas que haveria há 30 ou 40 anos, devendo nos fixar na essência dos fatos e não nos levar pela celeuma que alguns fazem pelas diferenças de formas astralizadas.

Sabemos que a Umbanda é um movimento no Astral disciplinado por uma hierarquia rígida, com organização, em que os sete Orixás ou linhas vibratórias são "ocupadas" por entidades que atuam nas posições de Orixás Maiores, Guias e Protetores, chefes de falanges, subfalanges e legiões. É comum mais de uma entidade trabalhar numa mesma posição vibrada, o que leva a termos vários Caboclos ou Pretos Velhos com o mesmo nome, mas tratando-se de Espíritos diferentes. Todavia, todos os Espíritos que se manifestam e labutam na Umbanda, "obrigatoriamente", têm de se alinhar com certa posição vibrada que é determinada por uma estrutura organizacional inflexível, em que cada nome "ocupado" como Caboclo, Preto Velho e Criança faz parte das formas de apresentação com que os Espíritos se "vestem" e que, efetivamente, foram personalidades vivenciadas por eles em vidas pregressas na carne. Essas "aparências" fluídicas do corpo astral, altamente plástico, são semelhantes às situações vividas diariamente, em que mudamos a roupa de acordo com a necessidade da ocasião.

Como estamos falando de caridade, o Espírito comunicante pode, ainda, utilizar uma "falsa" veste fluídica nos casos em que se requeira "trabalhosos" rebaixamentos vibratórios para apropriar-se novamente de corpos mais densos. Atuando diretamente em corpo mental, cria uma "falsa" veste fluídica, um "corpo de ilusão", de acordo com a roupagem que melhor se afina com o médium, que é determinada pela relação de ancestralidade que existe entre ambos e, dentro do movimento de Umbanda no Astral[***], alinhado com um nome e posição vibrada.

[***] O retorno do puro conhecimento *Aumbandhã* ancestral, planejado pelo Alto, ocorreu historicamente no Brasil em 1908, quando o médium Zélio Fernandino de Moraes, numa sessão mediúnica que se realizava na Federação Espírita de Niterói, no estado do Rio de Janeiro, recebeu uma entidade de luz que denominou-se Caboclo das Sete Encruzilhadas e comunicou que, por deliberação do Alto, iria se instituir, sob o signo da caridade, um novo culto ao qual dariam o nome de Umbanda.

10
Mecânica de incorporação

Vovó Maria Conga responde

Embora a mecânica de incorporação tenha sido esclarecida em capítulo anterior, seria possível explaná-la resumidamente, sobretudo quanto às características das manifestações mediúnicas e atuação na magia das entidades em cada uma das linhas vibratórias ou Orixás?

Que fique claro que os Orixás vibram em todos os chacras. Para o entendimento dos filhos, comentaremos as posições mais vibradas em cada chacra.

Iniciemos por Oxalá, que vibra mais no chacra coronário e tem seu "receptor" no corpo físico na glândula pineal. As manifestações mediúnicas se dão por um leve roçar no alto da cabeça, que se propaga como uma espécie de friagem até a altura do tórax. Atuam basicamente pela irradiação intuitiva, pela inspiração e clarividência. Na magia, atuam coordenando o equilíbrio planetário. São os mestres que orientam o movimento de Umbanda e, em geral, são os mentores de pontos de doutrina. Alguns nomes de entidades: caboclos Urubatã da Guia, Guaracy, Guarani, Aimoré, Tupy, Ubiratan e Ubirajara.

Iemanjá tem maior receptividade vibratória no chacra frontal e na glândula pituitária. As manifestações se dão de forma serena, com beleza e suavidade. Dão um pequeno balanço geral e levantam os braços no sentido horizontal, tremulam as mãos e balançam a cabeça. É muito rara a incorporação, pois atuam na irradiação intuitiva e no corpo mental do médium. Não dão comunicação ou consultas e, assim como a linha de Oxalá, são valiosos colaboradores e algo silenciosos. Na magia, atuam nas limpezas astrais pela movimentação do elemento água e dos Espíritos da natureza, ondinas e sereias, ligados a essa vibratória. As vibrações desse Orixá mantêm as forças das marés pelo magnetismo lunar, importantíssimo para a vida no planeta. É comum chamarem-se de caboclas Yara, Estrela-do-Mar, Indayá, Inhançã, Nana-Burucum, Oxum.

Yori vibra no chacra laríngeo, sendo a glândula tireoide sua receptora. Agem diretamente na fonação. Em geral, gostam de falar. Suas incorporações vitalizam o complexo físico, etéreo e astral dos médiuns e do ambiente. Emitem seus fluidos inicialmente pelo chacra frontal, "pegando" harmonicamente o aparelho, movimentando bastante os braços e as pernas. Na magia, neutralizam quaisquer fluidos enfermiços por suas vibrações puras, inocentes e de grande sabedoria. Em geral, se manifestam para "fechamento" dos trabalhos das demais falanges, deixando equilíbrio e paz para os consulentes e médiuns. Alguns nomes dessa vibratória, que se apresentam como crianças, são: Tupanzinho, Mariazinha, Chiquinho, Damião, Doum, Cosme, Jureminha.

Os justiceiros de Xangô vibram com mais intensidade no chacra cardíaco: glândula timo. Na mecânica de incorporação, "ligam-se" ao chacra cardíaco pelo corpo etéreo do médium, alterando a fisionomia, a voz e o ritmo de batimentos do coração. Os filhos sentem inicialmente uma sensação de entorpecimento que vem pelo alto da cabeça, atingindo o pescoço, fazendo o aparelho rodar, pois alteram a frequência do corpo astral e, rodando o médium, conseguem um ajustamento para a perfeita manifestação. A respiração fica ofegante, produzindo, na maioria dos casos, alguns "arrancos", decorrência da contração do corpo físico que está em rápida adaptação sensorial. As incorporações são fortes e marcantes, mas isso não quer dizer exibição ou agressividade, que ficam por conta do animismo dos médiuns. Na magia, trabalham retendo as entidades sofredoras e os magos negros, levando-os para os tribunais divinos, onde se restabelecerá o equilíbrio cármico. Corrigem erros e desacertos. Alguns caboclos dessa linha são: Ventania, Rompe-fogo, Sete Montanhas, Pedra-branca, Sumaré, Sete Pedreiras.

Os "guerreiros" de Ogum vibram mais no chacra gástrico ou solar: glândulas suprarrenais. Na fenomênica mediúnica, produzem alterações fortes, fisionômicas, psíquicas e vocais. Representam aproximadamente 70% das entidades manifestantes pela mecânica de incorporação. A ligação fluídica com o aparelho começa pela cabeça, fixando espécie de roçar ou friagem nas costas, tornando a respiração arfante. Quando "pegam" o médium dão um meio giro com o tronco e levantam os braços, cerrando os punhos. Esboçam alguns mantras com assovios e brados. Na magia, atuam pronunciando sons cósmicos com os quais comandam os Espíritos da natureza, preservando o médium e higienizando o ambiente. São os "guerreiros" vencedores de demanda, que combatem com heroísmo e valentia a escória do Astral Inferior, retendo-os e entregando-os para o encaminhamento das falanges de justiça do Orixá Xangô. Alguns nomes desta vibração são: caboclos Ogum Delê, Rompe-mato, Beira-mar, Megê, Yara, Humaitá, Sete Espadas.

No chacra esplênico (baço), temos a posição mais vibrada de Oxóssi. A ligação com o médium começa com uma sensação de friagem, que vai até as pernas, e dão ligeiros tremores nos braços. São entidades suaves, que falam calmamente, sendo seus passes e consultas realizados em harmonia e calma. Na magia, são exímios manipuladores das energias expansíveis da natureza, tendo no elemento ar a sua representação. Atuam como xamãs curadores, extraindo do médium o ectoplasma necessário aos trabalhos de cura. Agem na coesão molecular dos órgãos etéreos, realizando enxertos e recompondo tecidos enfermiços, de encarnados e desencarnados também. Seguem alguns nomes de entidades dessa vibratória: caboclos

Arranca-toco, Cobra-coral, Tupinambá, Jurema, Pena-branca, Arruda, Arariboia.

Finalmente, a vibração em que atuamos com mais desenvoltura no mediunismo de Umbanda, a do Orixá Yorimá, ou Pretos Velhos, que vibra mais intensamente no chacra básico, também conhecido por genésico. Há uma glândula do tamanho de uma ervilha situada na base da coluna vertebral, ou cóccix, que é receptiva ao "toque" etéreo para manipulação das energias do *kundalini*. Atuam na mecânica de incorporação produzindo alterações na fisionomia, mas sem que os aparelhos percam a suavidade do conjunto. Geralmente, os filhos curvam a cintura pelo desfalecimento das pernas, já que atuam fortemente no chacra básico. A ligação fluídica com o médium começa com certa friagem pela fronte e que rapidamente desce pela coluna vertebral causando um certo amolecimento, espécie de desfalecimento que leva o aparelho a curvar a cintura. É oportuno salientar que muitos Pretos Velhos atuam pela irradiação intuitiva, mais diretamente nos chacras coronário e frontal, e que não precisam estar "incorporados" para as consultas e curas. Na magia, assim como as entidades de Oxóssi, são exímios curadores e manipuladores de ectoplasma, visto que muitos foram magos de outrora, do antigo Oriente, do Congo velho e da Etiópia. Atuam com maestria em desmanchos de feitiçarias, de trabalhos de magia negra, dissipando fluidos pesados e deletérios. Utilizam os Espíritos ligados à natureza, como gnomos, duendes, silfos e salamandras, fiéis executores dos comandos mentais para o bem e cura. Estes são alguns pais e vovós desse Orixá: Pai Guiné, Pai Benedito, Pai Joaquim, Pai Tomé, Vovó Catarina, Vovó Cabinda, Vovó Angola.

11
Agentes mágicos (Exus) e seus arcanos

Vovó Maria Conga responde

Afinal, o que é Exu?

Na concepção original do termo, não se classifica Exu em um tipo de entidade. É um princípio vibratório que, obrigatoriamente, participa de tudo. É dinâmico e está em tudo que existe. É a força que impõe o equilíbrio às criaturas que ainda têm carmas negativos a saldar. Sendo assim, abrange uma enorme parcela no Cosmo imensurável.

Cada um dos filhos tem seu Exu individual. Cada Orixá, com seus correspondentes vibratórios, tem seus Exus. É o Exu o executor das Leis Cósmicas. Não é nem bom nem ruim, nem positivo nem negativo. Sendo neutro, é justo. A função de Exu consiste em solucionar, resolver todos os trabalhos, encontrar os "caminhos" apropriados, "abri-los" ou "fechá-los" e fornecer sua ajuda e poder a fim de mobilizar e desenvolver na existência de cada indivíduo sua situação cármica, bem como as tarefas específicas atribuídas e delegadas a cada um dos Guias e Protetores.

Infelizmente, existe muita confusão e controvérsia sobre os Exus. Não gostamos de "falar bonito", mas a situação impõe que busquemos os conhecimentos disponíveis aos filhos. Analisando a etimologia dessa palavra, não chegaremos a um consenso. Existem três correntes de pensamentos entre os filhos que tentam explicá-lo: a primeira corrente afirma que a palavra "exu" seria uma corruptela ou distorção dos nomes *esseiá/essuiá*, significando "lado oposto" ou "outro lado da margem", nomenclatura dada a Espíritos desgarrados que foram arrebanhados para a Lemúria, continente que existiu no planeta Terra antes da Atlântida. A segunda corrente assevera que o nome "exu" seria uma variante de "Yrshu", nome do filho mais moço do imperador Ugra, na Índia antiga. Yrshu, aspirando ao poder, rebelou-se contra os ensinamentos e preceitos preconizados pelos Magos Brancos do império. Foi totalmente dominado e banido com seus seguidores do território indiano. Daí adveio a relação Yrshu/exu, como sinônimo de povo banido, expatriado. A terceira corrente afirma que o nome "exu" é de origem africana e quer dizer "esfera". Ainda entre os hebreus encontramos o termo "exud", originário do sânscrito, significando também povo banido e que inevitavelmente está ligado com a lenda da Índia antiga.

Trouxemos toda essa erudição só para demonstrar aos filhos incrédulos a antiguidade da palavra e que, vibratoriamente, os Exus acompanham os homens desde as civilizações primevas.

Observações do médium

De um modo geral, está inadequada a conceituação de Exu. Para tanto, adotamos costumeiramente a designação "agentes mágicos" quando nos referimos a esses amigos espirituais. Cabe esclarecer que a palavra "exu" – sem prendermo-nos na análise etimológica da procedência milenar desse termo –, na sua designação genérica, distorceu-se, em espécie de corruptela, da sua significação original. Ou seja, no seu sentido popular, e nas mais diversas casas espiritualistas, caracteriza-se por designar entidades com sérias deformações em seus corpos astrais, de baixa envergadura espiritual e obsessores de aluguel, contratados pelos mais variados tipos de despachos pagos que a tudo "resolvem" pelo devido pagamento. Contudo, há de se comentar que na Umbanda as entidades ditas Exus têm uma conotação totalmente diversa do uso comum. Verifica-se no mediunismo umbandista sério – conforme nos orientam Ramatís e Vovó Maria Conga – que as atividades dos verdadeiros Exus da Umbanda prendem-se à segurança dos trabalhos, mantendo a organização e a disciplina, sob o comando dos Pretos Velhos e Caboclos. Também preservam, qual eficaz exaustor, pela mecânica de incorporação, o corpo mediúnico de repercussões vibratórias altamente deletérias oriundas das incursões de resgate e desmancho realizadas nas densas comunidades que habitam alguns locais umbralinos. Para maiores informações sobre o tema, recomendamos o livro *Serões do Pai Velho*, de autoria de Roger Feraudy.

Vovó Maria Conga responde

Os Exus não são Espíritos enfermiços, com deformações em seus corpos astrais e de fluidos altamente deletérios?

Na época mais cruel da escravatura dos negros, muitos fugiam e se abrigavam nas florestas. Esses esconderijos, locais de ajuntamento de escravos fugidos, na mata cerrada, ficaram conhecidos como "mocambos". Logo após a alforria dos negros, muitos homens mais destacados na sociedade de outrora começaram a espezinhar os ex-escravos chamando-os de "mocambos", ou seja, rebaixando-os a fugitivos da lei. O desdém que se estabeleceu para com esses irmãos foi de tal monta que vários estabelecimentos comerciais e hospitais das principais capitais da época tinham em suas entradas placas com os dizeres "mocambos metidos à gente não são bem-vindos", maneira desdenhosa encontrada de afrontar a liberdade que alcançava uma parcela importante para a sociedade da época.

Não muito diferente de outrora, e em igualdade preconceituosa dissimulada, como se tratassem de fugitivos das Leis do Cristo, muitos filhos nos dias de hoje classificam como Exus as entidades espirituais que não são bem-vindas: Espíritos sofridos, como obsessores de aluguel, que são um tanto violentos, pois estão hipnotizados por grande poder mental que os subjuga, e com sérias deformações astrais, que se apresentam nas atividades mediúnicas em algumas casas que apregoam que "fora da caridade não há salvação".

Ficamos entristecidos ao observar que no mesmo templo em que se realizam reuniões, onde o verbo bem-elaborado prende hipnotizada plateia pelos elevados conceitos de amor ao próximo, perdão e ações caridosas, não muito distante, alguns médiuns novatos, acomodados em penumbrosa e fechada sala, recebem severas reprimendas de diretores espirituais zelosos da "disciplina" na passividade mediúnica dos trabalhos que ocorrerão, rigorosamente impondo que para esse "tipo" de Espírito, os temíveis "Exus", o corpo mediúnico deve evitar maiores contatos fluídicos, sob pena de desequilíbrio dos delicados aparelhos no contato com vibrações tão enfermiças. Solicitam refutar o contato mais ostensivo pela incorporação ou a chamada psicofonia, dizendo que esses "irmãos" devem ser encaminhados o mais rápido possível ao Plano Espiritual e que os mentores que apoiam o grupo darão a devida conta.

Reconhecemos que há maior exigência dos médiuns e dirigentes nesses casos, mas os filhos não devem se esquecer que tais "deformados" e sombrios Espíritos são dignos de todo respeito e carinho, devendo ser tratados como "gente" do Cristo-Jesus e recepcionados com o coração mais exaltado de amor e júbilo do que nas ocasiões em que os mentores aureolados de luz se fazem presentes, já que são mais necessitados do magnetismo animal para se "recomporem".* Levem a efeito a caridade socorrista como fazia o Divino Mestre na Terra com os leprosos, aleijados, tuberculosos e

---

* "Os sãos não necessitam de médico, e sim os doentes", lembrava o Divino Médico nas palavras que o Evangelho guardou. E acrescentou: "Eu não vim chamar os justos, mas os pecadores ao arrependimento". Esses Espíritos sofredores foram e são submetidos aos capatazes e torturadores das organizações malévolas e escravizantes do submundo inferior que habitam o umbral e, verdadeiramente, não têm nada a ver com os genuínos Exus da sagrada Umbanda.

loucos; a todos, atendendo com amor e dedicação esmerada, sem receio de contágios doentios.

Então, o que são esses vários Exus do meio umbandista, dos mais diversos nomes: Pinga-Fogo, Exu-Mirim, Exu do Mar, Exu Gira-Mundo, Caveira, Bará, Pedra Negra, Veludo, dentre outros?

Os Exus originais, agentes mágicos universais, não têm um corpo astral, não são um princípio espiritual encarnante e não se manifestam mediunicamente, assim como os Orixás. Os Orixás seriam os positivos, e os Exus, os negativos, se estivéssemos falando de polaridades energéticas aos filhos. Fora isso, existem entidades que trabalham na linha vibratória de determinados Exus e, por associação, passaram a ser identificadas com esses nomes, assim como os Guias e Protetores atuam nas linhas vibratórias dos Orixás e são indevidamente tomados como sendo a própria vibração de Exu. Alguns nomes podem parecer estranhos para a compreensão dos filhos mais sensíveis, mas realmente assim o são. Ocorre que há uma confusão entre vibração e entidade.

Embora os Espíritos que atuem na egrégora umbandista tenham a denominação de Exus, não o são verdadeiramente, pois a vibração de Exu em si não se relaciona com o mundo da forma diretamente, mas, sim, por intermédio de entidades espirituais que atuam como "procuradores" na magia de cada Exu e que se relacionam com as sete vibrações dos Orixás, como descrevemos inicialmente. Muitos chefes de terreiro utilizam-se dessas confusões para locupletarem-se no mando dos agrupamentos que dirigem e, escondendo-se em uma falsa inconsciência, dizem estar "incorporados" de tal e qual Orixá, este ou aquele Exu, gerando fascinações e obsessões coletivas, caindo terrivelmente nas mãos das organizações de baixa envergadura moral do umbral inferior.

Ao percorrermos alguns terreiros ditos de Umbanda, mas que não o são verdadeiramente, verificamos quão distorcido é o conceito sobre a figura dos Exus e o que, por associação, passou a ser identificado com esses nomes. Há uma imagem pejorativa de Exu, o que fez com que uma gama de Espíritos de certa evolução que vieram à Umbanda desempenhar funções mais terra a terra, próprias da linha vibratória de Exu, fossem equiparados a falangeiros do mal, sendo até hoje simbolizados por figuras grotescas, com chifres, rabos, pés de bode, tridentes, sendo tal imagem do mal, como do diabo em pessoa, pertinente a outros segmentos religiosos e decorrente do sincretismo, e não da verdadeira Umbanda.

Os genuínos Exus da Umbanda garantem a segurança dos trabalhos, mantêm a organização e a disciplina e são grandes "combatentes" quando em atividades socorristas e de resgates nas organizações malévolas do umbral inferior. Os Espíritos que "baixam" em alguns terreiros dizendo serem "exus", galhofeiros, imorais, deselegantes, de vocabulário impróprio, xingando, enfim, tumultuando o ambiente, não são Exus, e sim Espíritos doentes, quiumbas obsessores, que comparecem ou por invigilância do médium e consulente, ou pela baixa moralidade do grupo mediúnico. Essas invasões também ocorrem fingindo-se de Caboclos e Pretos Velhos, pois esses Espíritos são mistificadores e tentam fingir o que não são, em processo de assédio para conturbar os trabalhos.

É fruto da ignorância dos homens, das suas ambições e vaidades mesquinhas a exploração desses irmãos doentes, os quiumbas, que, em escambos ilícitos moralmente, fazem-se presentes nas vampirizações fluídicas, tornando alguns terreiros balcão que a tudo resolve por meio de despachos pagos e rituais macabros e em total discordância com as Leis Divinas e de merecimento individual de cada um. Exu não é o diabo. Exu respeita o carma de cada cidadão e não faz nada que contrarie o livre-arbítrio e o merecimento de cada criatura."

É perigoso se trabalhar com Exu?

Os Exus da Umbanda não têm nada a ver com Espíritos maldosos, embora não sejam o melhor exemplo de delicadeza amorosa aos olhos dos

---

** Para maiores esclarecimentos dos leitores interessados na atuação das entidades denominadas "Exus" na Umbanda, indicamos a leitura do livro *Mandinga*, de Edson Gomes, ditado pelo Exu Serra Negra. Cumpre ressaltar a atuação dessas entidades, que respeitam rigorosamente nosso livre-arbítrio e merecimentos individuais e só agem para restabelecê-los quando distorcidos por feitiços e magias negativas. Ressalta Serra Negra: "em nenhum momento, a responsabilidade dos personagens pelos seus destinos é delegada a este ou àquele Espírito, encarnado ou não. Vale dizer que a atuação do mal só se faz em terreno apropriado para seu cultivo e proliferação".

filhos. São Espíritos um tanto endurecidos pela excessiva vivência passada nos rituais de enfeitiçamentos da magia negra, pois já foram destemidos magos. Têm para si pesados carmas gerados por eles próprios e evoluem no caminho do bem como todos. Realizam desmanchas e mantêm a integridade física, etérea e astral dos médiuns a que se vinculam por compromissos evolutivos mútuos e por fortes laços de ancestralidade, pois ambos já se serviram nos descaminhos da magia usada em proveito próprio e para desgraça de outrem. São eficazes "exaustores", preservando os médiuns de energias deletérias.

O perigo está em cada um, pois é com o arado interno que se estabelecerão as ervas daninhas ou as flores e plantas ornamentais no terreno cultivado pelos filhos à maneira de jardim da vida.

O que é entidade e o que são artificiais?
Entidade é um Espírito que um dia habitou a carne e que evolui nas várias coletividades espirituais da aura planetária da Terra. Artificiais são formas-pensamento geralmente enfermiças, oriundas das mentes doentias dos encarnados, densas, e que são manipuladas pelos magos negros. Têm a aparência astral humana, como se fossem Espíritos desencarnados. Algumas, em engenhosas obras de tecnologia maligna, apresentam "emoções" e "sentimentos", acompanhadas de movimentos próprios como se tivessem vida, e são habilmente manipuladas em terríveis rituais de magia negra.

Observações do médium

Recentemente, atendemos uma consulente no grupo mediúnico de, aproximadamente, 35 anos que havia emagrecido 18 quilos em dois meses. Encontrando-se completamente enfraquecida, viu-se constrangida a pedir licença do emprego, ficando sob atestado médico, o que felizmente não lhe causou maiores danos por ser funcionária pública. Encontrava-se em grave quadro de abatimento nervoso, com sérias dificuldades para dormir, pesadelos constantes e sensação de peso nas costas. Escutava sussurros, palavras que a amaldiçoavam. Na semana anterior ao comparecimento a nosso grupo, sempre que ia pegar no sono, sentia respiração gélida na altura do pescoço, atrás da nuca, o que a fazia sobressaltar-se, dificultando as minguadas horas de sono que conseguia manter.

O dirigente, ao desdobrar os corpos dessa senhora em pausada contagem de pulsos magnéticos, facilitou-nos a sintonia, o que imediatamente nos levou a verificar, por meio da clarividência, "entidade" escura de baixíssima vibração acoplada ao seu corpo etéreo, com braços em formato de asas de morcego, sendo que as mãos eram espécie de ventosas que grudavam em suas costas e seus cotovelos; tinha espécie de garras que penetravam embaixo de suas axilas, mantendo-se colado na encarnada, literalmente como se fosse uma planta parasita. Esse fato foi confirmado pela vidência de outra médium do grupo.

Fomos auxiliados por Vovó Maria Conga, que nos informou "que se tratava de trabalho de magia negra, previamente contratado por mandante encarnado e que trabalhava com a atendida, com a finalidade de levá-la à loucura. Tinha sido feito um feitiço com terra de cemitério, visando implantar campo de força de baixa frequência naquela mulher, que rebaixaria as suas vibrações para se imantar forma-pensamento artificial vampirizadora, o que seria mais eficaz e duradouro do que a técnica "simplória" de se manipular Espírito sofredor que fica vagueando nas tumbas mortuárias e capelas durante os velórios, se "alimentando" dos restos fluídicos e últimas energias vitais dos cadáveres. É que o "artificial" é mais específico e requer maior habilidade desses engenheiros do mal, exigindo análise prévia do alvo visado, para se achar a brecha vibratória, geralmente pela localização de ressonância vibratória de vida passada que ainda repercute no encarnado em somatizações da vida presente, e se definir o tipo de forma-pensamento que será moldada para a eficácia do concurso funesto.

Efetivamente, a pessoa que estava em atendimento havia sido hábil feiticeira em vidas passadas, o que facilitou enormemente a sua derrocada ante o "artificial" que lhe fora colocado, já que ainda vibravam em seu inconsciente todos os rituais utilizados em proveito próprio, ao desfavor dos outros. Contudo, tratando-se de pessoa em franco processo de reforma íntima, teve merecimento para a atuação dos Exus que dão apoio aos trabalhos. Foi autorizada pelos Pretos Velhos a movimentação desses irmãos, que, quando agem, restabelecem a justiça, o que está acima dos nossos limitados julgamentos e não se prende à definição de bem ou mal como entendemos.

O que Vovó Maria Conga nos diz é que "quando Exu atua, restabelece-se o equilíbrio cármico e o merecimento individual que está distorcido, o que pode significar, na precária concepção dos filhos, o mal para os agentes que levaram a efeito a prática funesta da magia negra, mas, na verdade, nada mais é que um efeito de retorno das leis que determinam o equilíbrio cósmico".

Foi realizado o desmancho do trabalho feito, a desintegração do "artificial", e toda a comunidade de desencarnados liderados pelo mago negro contratado foi retida, e suas cidadelas no Astral Inferior foram desativadas. Compreendemos que os desmandos que tal organização trevosa estava levando a efeito em muito já tinham ultrapassado o livre-arbítrio dos seus líderes e seguidores, para prejuízo maior da harmonia coletiva.

Quanto ao encarnado contratante e ao médium que intermediou com as sombras, não nos foram autorizadas maiores informações, mas aferimos que a justiça do Além tem amplitudes que, em certas ocasiões, não nos são devidos maiores detalhes pela nossa limitação de entendimento.

Posteriormente, ficamos sabendo do restabelecimento da saúde da consulente objeto dessa narrativa, o que se mostrou de suma importância para o seu prosseguimento rumo à reforma íntima e à evangelização. Após o equilíbrio ter sido restaurado, ela teve condições mínimas adequadas para a sua volta ao emprego e às palestras e aos passes.

Vovó Maria Conga responde

Alguns chefes de terreiro dizem que os Exus são elementais. Isso sendo verdadeiro, Exu sendo um elemental, mesmo que diferente dos outros elementais da natureza, como os silfos ou fadas, seria possível a incorporação nos médiuns?

Exus não são energias elementais ligadas aos quatro elementos da natureza: ar, terra, fogo e água. Igualmente, não são Espíritos da natureza. Os filhos devem se dar conta de que existem três verdades diferentes, que são: energias e energias elementais; formas-pensamento elementares; e Espíritos da natureza.

As energias primárias da natureza ou elementais são em quatro modalidades e ligadas aos elementos ar, terra, fogo e água. Pairam em todos os recantos, concentrando-se nos sítios vibracionais mais selváticos do planeta, como em cachoeiras, matas, praias, pedreiras, rios, lagoas etc.

As formas-pensamento elementares são substâncias etéreas, um tipo de poluição psíquica que "inunda" os grandes aglomerados humanos. Estão relacionadas com as mentes doentias que incessantemente as emitem, relacionadas com sexo, vícios variados, ódios, egoísmo etc. Os pensamentos superiores e benfazejos, como os emitidos em prece, por terem uma frequência mais alta, não "sujam" a aura planetária, sendo instrumentos de higienização quando emitidos coletivamente.

Por último, há os Espíritos da natureza, erroneamente chamados de elementais. São um reino da natureza espiritual, ainda sem direito à encarnação em corpos humanos, que "habitam" as energias elementais referentes aos elementos fogo, ar, terra e água: salamandras, silfos, gnomos ou duendes e ondinas. Esses Espíritos da natureza não possuem a estrutura setenária ou os corpos sutis dos homens, assim como não possuem os chacras como nos filhos. Não é possível a incorporação em médiuns dos Espíritos da natureza, pois eles não têm o corpo mental e tampouco pensamento contínuo, além do que os chacras que esses irmãos têm vibram em frequência adversa para o contato com os humanos. Inclusive, por não terem maldade, serem puros no sentido de não discernirem o bem do mal, o contato com os homens em geral não lhes é benéfico. É possível, contudo, serem visualizados por alguns médiuns, antigos magos que em muito exploraram esses irmãos da natureza em proveito próprio e que hoje estão na Umbanda trabalhando em prol da caridade.

É possível a manipulação desses "artificiais" para o bem? E qual a finalidade de se plasmar uma forma-pensamento como se fosse um

corpo astral para se tornar "visível" às manifestações e comunicações psicofônicas?

Isso é mais comum do que os filhos pensam. Uma mesa com alimentos, um quarto florido com janela aberta ao Sol, um médico que estende a mão, formas conhecidas e amigáveis que estão no inconsciente dos socorridos podem ser previamente reavivadas como "artificiais" nas atividades de caridade. Os casos em que se plasma uma forma-pensamento artificial como se fosse um corpo astral se dão quando entidades de alta estirpe vibratória têm alguma "dificuldade", em repetidos rebaixamentos de frequência, para se apropriarem novamente de um corpo mediador, algo um tanto dispendioso energeticamente, nem sempre necessário. Utilizam-se desse recurso, de um "artificial" no lugar de um corpo astral, para darem confiança aos seus médiuns na mecânica de incorporação, o que os filhos podem entender como utilização de um "corpo de ilusão", já que o intercâmbio mediúnico persistirá por intermédio do corpo mental da entidade comunicante em "perfeito" encaixe com a mente do médium educado e passivo.

Se as incorporações se fazem no corpo astral do médium por meio dos chacras, como ocorre no caso desse corpo de ilusão, ou "artificial", que acreditamos não ter a estrutura dos corpos sutis como os Espíritos entidades comunicantes?

Nem toda a comunicação mediúnica necessita da mecânica de incorporação no sentido de acoplamento da entidade comunicante nos centros vibratórios ou chacras dos médiuns. Se tal ocorresse regularmente, como nas consultas que às vezes se delongam por algumas horas de mediunismo, os filhos teriam sérios prejuízos nesses vórtices energéticos, pois a frequência dos chacras dos Espíritos, Protetores e Guias, que não têm mais o corpo etéreo, é sensivelmente mais elevada. É como se submetêssemos um transformador de voltagem de mil volts para 100 a uma corrente de 10 mil, o que danificaria a aparelhagem em questão. Faz-se necessária a manutenção do intercâmbio mediúnico pela irradiação intuitiva, por intermédio da casa mental. Os "artificiais" ou corpos de ilusão são utilizados como condensadores das energias referentes à posição vibrada da entidade e dos elementos da magia que são manipulados nessas situações.

Se são apenas energias manipuladas com forma definida, como essa energia atua no corpo astral dos médiuns?

Não atua diretamente no corpo astral, e sim no complexo astral, etéreo e físico. Por meio da proximidade com a aura do médium, tal como uma junção, obtemos um tipo de catalisador para movimentar o ectoplasma, direcionando-o aos consulentes, para as curas. Esse fluido é o mais importante utilizado. Observem que é preciso o fluido animal humano; se fosse o contrário, se dispensariam os médiuns da maioria dos trabalhos.

Há Espíritos reencarnantes que também se apresentam como Exus, como guardiões das leis ou auxiliares nos trabalhos de caridade, auxiliando na limpeza e "captura" dos Espíritos trevosos que estão atuando sobre suas vítimas, encarnadas ou não?

Essa situação não ocorre somente com os ditos Exus, mas igualmente com os Pretos Velhos, Caboclos e Crianças. A Umbanda tem uma organização rígida no Astral quanto à forma de apresentação dos Espíritos que evoluem sob a égide do seu movimento. Há um preparo sólido para que uma entidade tenha direito a um aparelho mediúnico, nos centros de formação e escolas do Astral regidos pela Umbanda. É uma maneira abençoada de evoluir em grupo, por meio das ligações ancestrais entre encarnados e desencarnados; estabelecem-se as condições de afinidade vibratória para que ambos aliviem seus débitos de outrora. O Caboclo, o Pai Velho e os Exus evoluem enquanto aguardam seu momento de reencarnar, pois a caridade prestada do Astral para a Terra, por seus aparelhos, conta pontos no esquema evolutivo traçado para ambos. Permanece a imposição do ciclo carnal, mas há uma expansão das consciências rumo ao despertamento amoroso, prerrogativa da benevolência de Deus por todos os seus filhos.

Lembrando do Exu das Sete Encruzilhadas, que na verdade era Kalamy, o venusiano que veio ajudar o desenvolvimento da *Aumbandhã****, ele teria usado a energia do agente mágico escolhido como um

---

*** Vide a obra *Baratzil – a terra das estrelas*, de Roger Feraudy, que narra a vida dessa entidade, dos instrutores de Vênus e sua intervenção no planeta e a história ancestral de civilizações no solo brasileiro.

veículo ou aparelho. Seguindo esse raciocínio, todos os Exus teriam por trás de si um outro Espírito, ou seja, atuariam de forma passiva?

Não consideremos de maneira passiva, o que nos parece menos benfeitor. O "ter" um Espírito por trás não desmerece a caridade, que deve vir acompanhada da verdadeira intenção de auxílio ao próximo, tão bem personificado no exemplo do Cristo-Jesus. É sabido que o Divino Mestre nunca atuou sozinho, tendo uma plêiade de Espíritos benfeitores que o auxiliaram e outra enormidade sob o seu comando mental, por tratar-se de entidade sideral de alta envergadura.

Há de ficar claro que nenhum Espírito faz qualquer coisa sozinho, pois o "estar junto e em grupo" faz parte do amor que a todos une num mesmo ideal crístico. Há entidades no grau de chefes de legião que atuam como procuradores das vibrações de Exus, tendo comando sobre os chefes de falanges, de grupamentos, colunas, entre outras formas de organização. Essa hierarquia não os coloca como melhores ou maiores do que qualquer outro irmão. É uma maneira de aglutinar em conformidade com a responsabilidade de cada entidade, e não de demonstrar superioridade; todos são ativos no trabalho em prol do bem da humanidade.

Uma das funções dos Exus seria bloquear a passagem das energias ruins das camadas inferiores da crosta do planeta para fora ou para planos superiores?

Os Exus enquanto energia, agentes mágicos dos Orixás, respondem entre tantas outras funções como instrumentos de higienização planetária, como se fossem exaustores que são ligados para renovar o ar. Energias ruins e densas não passam para planos superiores, que são mais sublimados e rarefeitos. Nesses casos, não há finalidade na atuação dos agentes mágicos, já que a própria diferença de densidade das energias em questão serve como delimitadora das suas movimentações. Uma barra de gelo não flutua nos céus como as nuvens, embora os princípios ativos de ambas sejam idênticos.

Se os Exus são os "operadores" de toda energia de magia, toda magia, boa ou não, necessariamente se passa por meio deles? Os magos negros se utilizariam desses seres para seus propósitos?

As energias dos Exus estabelecem a justiça e o equilíbrio cármico. Disso se conclui que, originalmente, não são nem bons nem maus, pois são consequência das ações individuais. Alguns magos negros, de grande poder mental, manipulam essas energias cósmicas para o mal, distorcendo o livre-arbítrio e os merecimentos, mas temporariamente. Por um mecanismo de retorno, atemporal no entendimento dos filhos, chegará um momento existencial desses irmãos em que toda essa energia manipulada para o mal voltará a eles multiplicada, pois foge ao controle deles a repercussão do mal causado a outrem, que por sua vez prejudicará um terceiro, como ondas sucessivas causadas por uma pedra lançada ao lago. Quando submetidos aos tribunais divinos que conseguem "quantificar" os seus carmas negativos, gerados por essas ações nefastas, dentro dos princípios das Leis de Causa e Efeito, uma grande parte aceita se "educar" na Umbanda e atuar como Exu, entidade exatamente naquela vibração energética em que mais fizeram o mal no campo da magia negra, mas agora direcionada para o bem e de acordo com os ditames da justiça e do amor.

Parece-nos inusitado e incomum. Qual a finalidade desses "artificiais" e formas-pensamento manipuladas pelos magos negros?

Ao contrário, são mais comuns do que os filhos pensam. Imaginem um esposo que se vê enfeitiçado por despacho de aluguel, soberbamente remunerado para um médium despachante de organização tenebrosa do Astral Inferior encomendado por amante abandonada. Por meio de rituais e invocações próprias, e com a frequência vibratória do alvo da magia funesta, conseguida em usada peça de roupa íntima obtida pela mandante com o objeto do seu "amor", um mago negro do Além impõe intenso rebaixamento vibratório no campo magnético do esposo infiel.

A partir daí, imantam nele uma forma-pensamento, um "artificial" de sensual mulher, manipulada para que fique parecida com a parceira dos descalabros sensuais na carne. Rotineiramente, à noite durante o sono físico, o pobre incauto se verá desdobrado e em êxtase de prazer com esse robô, à semelhança dos movimentos humanos da concubina renegada, mas em intensificado processo de vampirização fluídica e perturbação do discernimento. Como se fosse um boneco hipnotizado, louco personagem, esse pai de família deixará a esposa fiel, os filhinhos e o lar amigo em insensata e desvairada aventura amorosa extraconjugal, enfrentando a tudo e a todos para satisfazer seus instintos animalescos elevados ao descontrole pelo "artificial" que nunca se satisfaz.

Ficamos curiosos. Pela sua larga experiência nesses casos, poderia nos relatar um desfecho feliz para esse emblemático enredo narrado?

Suponhamos que a fiel e amorosa esposa, juntamente com os filhinhos, fique sem grandes alternativas de conduzir a existência em condições materiais mínimas pela escassa pensão que poderá receber do ex-marido desequilibrado. Em momento de lucidez, procura ajuda espiritual de médium umbandista. Aconselhada a procurar a sessão de consulta, é orientada a comparecer em dia e horário adrede combinados para trabalho de desmancho. Resumidamente: nesse encontro, os Exus da sagrada Umbanda são autorizados a se movimentarem a favor da caridade socorrista, pois há merecimento para tanto e não estão desrespeitando o livre-arbítrio, e sim restabelecendo-o. Com o magnetismo animal dos médiuns incorporados, desmancham o baixo campo vibratório que envolve o esposo, desintegrando o "artificial" insaciável na sexolatria. Repentinamente, o equilíbrio restabelece-se, o marido retorna ao lar pedindo perdão, e a ex-amante se vê "enjoada" da aventura amorosa, se interessando por outro homem mais rico.

Como os filhos podem notar, cada um seguiu a sua caminhada evolutiva. O que os Exus fizeram foi retomar os ditames das leis cósmicas que estavam distorcidos por enfeitiçamento e rituais de magia negra.

O mago negro do Além e o médium que é seu instrumento hoje continuarão a fazer tanto mal?

Infelizmente, sim. Ainda estão no exercício do livre-arbítrio individual que lhes é de direito no labor da mediunidade, e cada um, pelos interesses desditosos que estão sendo gerados e que os unirão em laços vibratórios inquebrantáveis por longa data, um dia terão de prestar contas aos Tribunais Divinos, até que a última moeda ganha para praticar o mal tenha sido ressarcida com juros, libertando-os do efeito de retorno que o desrespeito ao livre-arbítrio dos outros impõe, qual preciso bumerangue. Isso gera, no futuro, consequências de difícil avaliação no presente, pois o mal causado a um irmão tem, na maioria das vezes, desdobramentos indiretos e negativos para aqueles que convivem e dependem dele e que também são seriamente prejudicados.

Queira Oxalá que todos que estão "desviados" como instrumentos na abençoada mediunidade tenham a oportunidade de se reequilibrarem na retomada do bem e do amor no sagrado movimento de Umbanda, em que o mago negro desencarnado e médium de hoje podem ser, respectivamente, aparelho mediúnico e Exu de amanhã, por uma sábia inversão de papéis para compor o livro evolutivo da vida de ambos. Assim é a lei, assim será cumprida.

Observações do médium

No início da minha prática de caridade no mediunismo umbandista, tive certa dificuldade de aceitar dois amigos espirituais que estavam destinados a trabalhar comigo nesta encarnação, na mecânica de incorporação. Eivado de preconceito, só queria trabalhar com os Pretos Velhos e Caboclos. Eis que me encontrei em terrível assédio de organização do Além, que utilizando enfeitiçamento apropriado para me desequilibrar – que não cabe aqui detalhar –, me levou a repentino enfraquecimento e indisposição. Em trabalho de demanda/desobsessão, previamente marcado em corrente de 21 médiuns, realizado na frente do congá na casa de Umbanda que frequentava, surpreendeu-me, em desdobramento clarividente, um Exu-entidade que se disse chamar Bará e que desmancharia o que tinha sido feito de mal para mim, pois ele era profundo conhecedor daquele tipo de magia. Disse-me que, a partir daquele dia, se o aceitasse, trabalharíamos juntos nesta encarnação, pois assim previa meu planejamento reencarnatório realizado pelos mestres responsáveis no Astral.

Esses verdadeiros engenheiros cármicos, que em criteriosa análise de nossa ancestralidade, já que um Espírito nunca evolui só no "ir e vir" na carne, definiram-no pelos sólidos laços de simpatia que nos uniam há milênios como um dos Exus-entidade que me assistiria nos labores mediúnicos, o que havíamos aceitado de bom coração.

Após esse atendimento, fiquei curado, e esse amigo espiritual – um Espírito familiar –, hoje denominado Exu Bará, que trabalha como entidade na vibração de Exu, tem-se mostrado um fiel protetor naqueles atendimentos que envolvem incursões umbralinas, grandes remoções de Espíritos sofredores e desmanchos de organizações malévolas, preservando-me de repercussões vibratórias deletérias, oriundas desses locais de baixíssima vibração. O Exu Bará se apresenta como uma espécie de militar, fardado como se fosse de um exército, e comanda um agrupamento sob as suas ordens. Ainda trabalho com o Exu Pinga-fogo, que é um chefe de legião, grande mago e exímio manipulador do fogo etéreo. Apresenta-se todo de preto, muito alto, com longa capa.

Ambas as entidades foram meus ancestrais em outras vidas e evoluem na Umbanda. Servem ao comando de Vovó Maria Conga, pois são agentes mágicos da vibratória do Orixá Yorimá, que rege os trabalhos dos Pretos Velhos. Tive uma grande lição de humildade, pois somente estando em maus lençóis aceitei esses amigos, dando o "braço a torcer" na minha vaidade, meu orgulho e preconceito espirítico.

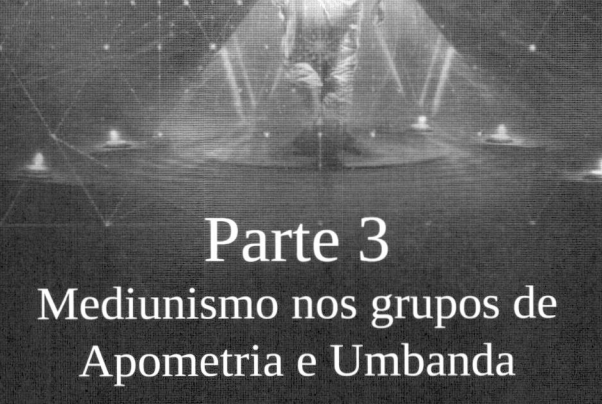

Parte 3
Mediunismo nos grupos de Apometria e Umbanda

12
Mediunismo nos grupos de Umbanda e Apometria

Ramatís responde

Pedimos suas considerações sobre os princípios magísticos do som.

Quando a ciência descobre algo ao fim de um longo processo de comprovação para os homens materialistas, tudo leva à conclusão de que o misticismo e as coisas espirituais da humanidade já tinham as respostas desde os primórdios da existência, consoante as palavras do Cristo-Jesus: "Procurai primeiro o Reino de Deus e tudo o mais vos será dado por acréscimo". De tempos em tempos, a sabedoria cósmica é novamente revelada aos homens. Aqueles que procuram a verdade, seja nas religiões, nas filosofias, no misticismo e na ciência, ou por intermédio de outros meios, a encontrarão novamente no final da busca incessante das pérolas ocultas.

Aquilo que não é audível, pode marcar e interferir no plano físico, como certas experiências conduzidas em laboratórios onde as vibrações sonoras que os ouvidos não captam podem marcar placas e outros materiais. A ciência terrena já comprovou em escala de vibrações que os valores sonoros vão de zero a 16 milhões de ciclos por segundo. O órgão auditivo humano só pode perceber de 16 a 32 mil ciclos. Os ultrassons e infrassons não excitam seus aparelhos auditivos, havendo uma infinidade de sons que não são captados por vocês: certas frequências ultrassônicas fazem a água entrar em ebulição e uma vara metálica ficar em alta temperatura a ponto de queimar os dedos de quem a tocar. Com essas mesmas frequências, é possível cozer um ovo, eliminar bactérias e obter várias transformações químicas em vegetais.

Diante do exposto, podem deduzir que todos os corpos têm a propriedade de gerar e recepcionar frequências sonoras que se harmonizam ou não com seu tônus vibratório; os sons atuam com suas vibrações nos demais corpos, afetando o ordenamento molecular, influindo nos processos fisioquímicos, modelando formas geométricas e provocando fenômenos de atração e repulsão, ou ainda influindo na coesão orgânica da matéria.

O que existe no som que "hipnotiza" os homens? O tom e o ritmo do som influenciam o tom e o ritmo do ser. O Espírito é acompanhado da capacidade de ressoar ao tom e ritmo que chegam pelos corpos sutis que "envolvem" a centelha espiritual. Essas capacidades da alma fazem com que vocês se sintam atraídos por determinados tipos de sons: o canto dos pássaros, a voz do barítono, do tenor ou do soprano, a sonoridade do violoncelo, piano ou violino, do trombone, da flauta ou do atabaque. Os sons que os impressionam retumbam no seu interior por similaridade de ritmos, de frequências. Certo está que o grau de evolução consciencial de cada ser, sua personalidade, caráter e conjunto de valores, que antecedem sua natureza psíquica e seu temperamento ante os estímulos exteriores, se é delicado ou bruto, prático ou sonhador, de acordo com sua condição vibratória interna, determinam a intensidade em que será afetado pelos estímulos sonoros externos.

O som é o Verbo Criador, daí não existir vida no Universo manifestado ou imanifestado no Cosmo sem som próprio, que nada mais é que as modulações e frequências que acompanham o tônus vibratório de cada Espírito imortal. Sendo assim, a vida de um médium é como a de um discípulo autêntico. Ele deve realizar um trabalho análogo ao de afinar um instrumento musical com o auxílio de outro, que é o seu Guia ou Protetor do "lado de cá". Ambos têm sucesso no momento em que a vibração de um dos aparelhos faz vibrar automaticamente o outro. É de suma importância que o médium procure sempre em suas meditações buscar intuir as notas e os acordes que seu instrutor místico "interno" e ancestral busca lhe transmitir. Ocorre um "afinamento" dos corpos sutis do medianeiro com as energias vibratórias de uma fonte exterior à sua, numa progressiva elevação de frequência pessoal dele, um alinhamento e ajustamento do seu tônus vibratório com as entidades espirituais que lhe darão assistência. Nesse sentido, os mantras e cânticos se farão coadjuvantes importantes para a elevação moral: fundamentais em importância, no período de "treinamento", para uma perfeita sintonia entre ambos e para a manutenção dessa sintonia arduamente buscada.

Ademais, a atração que sentem por cores e sons faz vocês imaginarem algo misterioso por trás das cromaticidades e sonoridades astrais e metafísicas. Assim, a resposta às suas perquirições é que a "linguagem" do som é a expressão da alma no Universo, da vida no Cosmo. Os diferentes planos de existência são expressos em som, em modalidades de frequências que não podem sentir. No entanto, as manifestações exteriores da vida de encarnado são tão rígidas e densas que os "segredos" da natureza ficam debaixo de mais amplas percepções, como se estivessem soterrados em uma montanha de pedregulhos que encobrem as pepitas destinadas às finas peças de ourivesaria do Espírito.

Imaginem o sistema planetário como uma cítara cósmica: cada planeta emitindo em seu lugar uma nota correspondente à sua posição na longitude da corda. Isso é o que Pitágoras chamou de "a música das esferas". Além de interferir na matéria, o som exerce influenciação nas correspondências físicas e mentais dos homens.

Se é possível a existência do que é "audível" para as almas, mas não é acompanhado por seus ouvidos, devem ser capazes de grandes realizações a partir disso. O som não é apenas como o entendem, da maneira como se comunicam. Também é uma forma de contato com dimensões ocultas e com seu interior mais profundo.

As invocações e os cânticos sonoros na Umbanda têm ligação com algum dos fundamentos apométricos?
Determinados sons e invocações, aliados à força mental do operador apométrico ou do pai de terreiro umbandista, unidos à assistência dos bons Espíritos, criam poderosos campos de forças que, associados aos fluidos ectoplásmicos exsudados dos demais médiuns, repercutem no Plano Astral, que é de grande plasticidade em relação ao impulso mental, levando a uma materialização fluídica invisível a vocês. Essas exteriorizações verbais, sonoras, das contagens de pulsos magnéticos na Apometria e dos pontos cantados na Umbanda, se fazem necessárias como ferramentas de apoio para a formação da egrégora mental coletiva requerida a essas manipulações e de acordo com os ativos trabalhos de caridade socorrista que são levados a efeito.

Os pontos cantados elevam ou diminuem a frequência cerebral e as descargas eletromagnéticas, aumentando ou diminuindo o número de sinapses nervosas, conduzindo com mais facilidade os médiuns a sintonizarem as faixas vibratórias dos sete Orixás, comumente manipuladas pelo mediunismo umbandista. Apuram-se as vibrações, reequilibrando a mente com o corpo e facilitando a sintonia com os Guias e Protetores. Os princípios magísticos das contagens de pulsos magnéticos da Apometria e os pontos cantados da Umbanda são idênticos. Eis que intercedem por meio do som na criação de formas astrais e campos de forças, aumentam ou rebaixam as vibrações dos médiuns e, decisivamente, se apoiam na egrégora coletiva mental criada pelo grupo.

Vovó Maria Conga responde

É "comum" na Umbanda e na Apometria serem "desmanchados trabalhos feitos". O que pode nos dizer a respeito?

É comum os consulentes, na consulta com o Preto Velho ou o Caboclo, no templo de Umbanda ou no grupo de Apometria, dizerem que têm "trabalho feito". Essas pessoas acreditam ferrenhamente que foram alvo de rituais macabros, trabalhos de magia negra, quando não são de opinião que os seus nomes e pertences foram colocados em cemitérios e se encontram abatidas e realmente enfeitiçadas pelo seu próprio poder mental, pois na maioria das vezes não há nenhum trabalho feito, e sim temor desnecessário diante de algo que não compreendem. Ocorre que do Plano Astral inúmeras possibilidades se abrem num diagnóstico espiritual, seja na Umbanda ou na Apometria, o que não é acompanhado de maiores detalhes pela exiguidade do tempo dos filhos para levar a bom termo todas as tarefas de cura nesses labores.

Os diagnósticos do "lado de cá", quanto às possibilidades do que os filhos chamam de "trabalho feito", são amplos, sendo que o realizador da obra macabra pode ser o próprio adoentado.

Há almas humanas desencarnadas que grudam nos filhos como se fossem carrapatos. São Espíritos doentes, parentes que já morreram, viciados e imorais simpatizantes, inimigos com vínculos cármicos. Todos atraídos por pensamentos semelhantes aos dos filhos, precisando de socorro e esclarecimento. Existem fluidos astrais pesados, restos de "corpos" que são formas-pensamento elementares que vagueiam sem destino e chegam atraídas pelos filhos como ímãs. São produtos da mente humana, de baixo teor, e poluem as cidades. Existem os trabalhadores dos magos negros, das organizações do Astral Inferior, que só almejam "roubar" ectoplasma dos filhos, entre muitas outras figuras típicas em simbiose com os filhos, sobre o que não vamos nos alongar.

"Trabalho feito" não quer dizer só aquele em que um macumbeiro de aluguel tem de ir a uma encruzilhada fazer despacho de animal sacrificado com derramamento de sangue. Os pensamentos negativos continuamente emitidos pelos filhos, às vezes, criam "artificiais" que se tornam obsessores daqueles que os criaram, como uma mãe que repetidamente "enxerga" uma filha sendo estuprada ou um pai que em tudo "vê" o filho se drogando. Muitos dos "demônios" que os cercam são fruto das mentes dos filhos. E pensar é fazer trabalho, feitiço, mandinga ou bruxaria, desde que não sejam os pensamentos para o bem e não respeitem o livre-arbítrio das criaturas que estão à volta dos filhos.

É importante compreender o que uma expressão simples às vezes causa. Quando os filhos ouvirem "trabalho feito", quer dizer somente que alguém praticou magia negra contra outrem, mas pode ter sido gerado, atraído ou mesmo criado pela própria vítima. Vigiem os pensamentos! Fiquem sabendo que diante das coisas ruins que acontecem diariamente, é uma atitude simplória concluir que tudo é trabalho feito ou macumba mandada. O simples fato de os filhos consulentes, na Umbanda e na Apometria, serem dessa opinião abre a guarda e a sintonia para o Astral Inferior, autorizando as suas atuações maldosas.

Pode falar-nos algo sobre a utilização dos Espíritos da natureza? Eles sempre estão à nossa disposição?

É importante deixar claro, definitivamente, que há três situações bem definidas quando lidamos com os elementos da natureza: as energias elementais, as formas-pensamento elementares e os Espíritos da natureza.

As energias elementais dão "vida" a toda a natureza. Estão diretamente ligadas aos sítios vibracionais dos elementos terra, fogo, água e ar.

As formas-pensamento elementares são resíduos mentais que pairam no Astral, preponderando as emanações psíquicas de baixa moralidade dos filhos quando da sua origem. São densas e deletérias e podem ser manipuladas pelos feiticeiros de aluguel, que por meio delas encontram "insumos" necessários para a criação de "artificiais", como se fossem robôs manipulados por hábeis circuitos conectados com um comando central malévolo.

Quanto aos Espíritos da natureza, são entidades não humanas vinculadas as quatro energias elementais da natureza e que nesses campos magnéticos vibratórios estagiam evoluindo no planeta. Não possuem a estrutura setenária dos corpos sutis dos homens, inexistindo os corpos superiores, logo não têm pensamento contínuo e muito menos discernimento. Orientam-se pelas sensações e são capazes de ter visão. São inocentes vigilantes dessas energias elementais para a perfeita manutenção da natureza e daí preservam o equilíbrio planetário.

A "manipulação" desses irmãos nos trabalhos de Apometria deve ter como premissa a restauração do equilíbrio energético dos consulentes doentes, que se dá com a invocação de gnomos, duendes, sereias, ondinas, salamandras e silfos relacionados aos quatro elementos básicos que compõem a tessitura física, etérea e astral de todos os filhos. Habilmente comandados pelos Pretos Velhos e Caboclos, estão à disposição para o bem e para a caridade baseadas no amor. Esses irmãos não devem ficar vinculados definitivamente aos médiuns ou ao grupo, devendo suas invocações serem feitas exclusivamente com o intuito de cura. Depois, devem os filhos os liberar para que retornem ao seu hábitat, na natureza, seja nas cachoeiras, matas, nos rios ou mares.

Os fundamentos magísticos dos pontos riscados são associados à criação de campos de força na Apometria?

Podemos afirmar que são os mesmos fundamentos. Os traçados geométricos dos pontos riscados criam egrégora mental coletiva que é aproveitada pelos Guias e Protetores. Essas formas-pensamento, oriundas das emanações mentais da corrente mediúnica que visualiza esses desenhos gráficos, podem ter várias finalidades: determinar as falanges que atuarão, o tipo de trabalho, o Guia e os Protetores, criar campos de força de detenção em atividades de resgate e firmar a vibração do Orixá que regerá o corpo mediúnico num determinado momento.

Na Apometria, ao proceder a contagem de pulsos magnéticos, o dirigente fornece aos médiuns, por meio do som, as formas geométricas requeridas para a criação de campos de forças de diversas finalidades; se ativam os mesmos princípios cósmicos que regem os fundamentos magísticos acionados pela Umbanda com os traços riscados.

Os ajustamentos de sintonia, aumentando ou diminuindo a frequência vibratória dos médiuns, não podem ocorrer somente com as contagens de pulsos magnéticos? Por que há as "incorporações" dos mentores, Guias e Protetores?

Na maioria das vezes, assim ocorre, o que não dispensa nosso auxílio aos filhos pela irradiação intuitiva e magnetismo. Nem todos os filhos são médiuns de "incorporação". Na verdade, são cada vez mais raros os aparelhos com as características vibratórias exigidas em seus corpos astrais para que as junções nos chacras dos médiuns pelos Guias e Protetores se façam a ponto de haver a manifestação mediúnica nos moldes incorporantes. Quando se fazem presentes filhos com essas peculiaridades, aproveitamos para proceder aos ajustamentos de sintonia.

Se o médium tem de "baixar" a sua frequência vibratória para sintonizar com o umbral inferior, é conduzido por um Exu ao nosso comando, levando-o de maneira mais segura e sem resquícios fluídicos prejudiciais às passagens dos Espíritos sofredores e magos negros. Se a necessidade é "aumentar" a frequência vibratória do aparelho mediúnico, isso pode se dar com a aproximação de um Caboclo, Preto Velho ou outro mentor, facilitando as atividades em planos mais sutis na dimensão em que se exige esforço caridoso em corpo mental, na Apometria.

Ramatís responde

A compreensão das vibrações dos Orixás na dissociação dos corpos sutis, por meio das contagens de pulsos magnéticos, auxilia de que maneira?

Desde que compreendam essas energias vibratórias que estão em vocês, como se relacionam com os corpos que os compõem e a magia que cada Orixá realiza para as curas, contribuirão ativamente para um melhor andamento dos trabalhos. O seu maior entendimento "facilita" as movimentações vibratórias e magnéticas requeridas quando das lides apométricas. Como falamos em outra oportunidade*, os Orixás são em número de sete vibrações com frequências próprias: Oxalá, Iemanjá, Yori, Xangô, Ogum, Oxóssi e Yorimá. Eles mantêm correspondências, como se fossem espécies de vetores, aos sete corpos que estão em vocês, que são os corpos atômico, búdico, mental superior, mental inferior, astral, etéreo e físico.

---

* O assunto foi abordado na obra *Samadhi*, psicografada por Norberto Peixoto.

A revitalização dos médiuns pela "incorporação" de entidades denominadas Exus não é algo contraditório, se considerarmos que esses Espíritos atuam em sítios vibracionais densos e deletérios do Astral Inferior?

A revitalização dos médiuns é necessária quando há enorme desprendimento fluídico nos atendimentos socorristas de grande monta, ou nos casos em que se fez indispensável a incursão em localidades do umbral inferior. Muitas vezes, os médiuns se sentem como se fossem "laranjas chupadas sem sumo", pois são verdadeiras usinas fornecedoras de ectoplasma, que é o elemento vital para desmanchos, varreduras energéticas e recomposições de corpos astrais danificados e distorcidos por poderosos processos de hipnose coletiva dessas coletividades escravizadas.

Nesses trabalhos, potencializamos a substância ectoplásmica, deslocando-a aos lugares onde está a origem dos instrumentos de magia negra dessas bases do mal, desmanchando os objetos vibratoriamente magnetizados e que captam a frequência vibratória dos alvos visados, geralmente irmãos encarnados, como se dessem a leitura das coordenadas para a realização do feitiço correspondente. Assim, com o ectoplasma dos médiuns, desmagnetizamos, neutralizamos e desmanchamos essas localidades, em verdadeiras tempestades astrais que vão varrendo e higienizando esses laboratórios do mal.

É necessário que compreendam que os veículos etéreo e astral dos medianeiros são solicitados "por empréstimo" para que com eles consigamos adentrar nessas cidadelas densas, como se fosse uma roupagem de que nos utilizamos provisoriamente. Imaginem que estejam utilizando um traje emprestado para um evento incomum. Assim procedemos, acoplando-nos aos corpos etéreo e astral dos médiuns desdobrados, conforme o caso, como se nos vestíssemos dessas roupagens eventuais.

As "incorporações" dos irmãos "Exus", entidades que nada têm a ver com obsessores e que atuam comumente nas vibrações mais baixas do umbral inferior, preservam o aparelho mediúnico, qual eficaz exaustor, de ressonâncias vibratórias, que somatizadas se tornariam altamente deletérias.

Isso é necessário, pois a similaridade vibratória das entidades-Exu com as bases de magia negra e fluidos altamente enfermiços que aí são movimentados restabelece a harmonia, o reequilíbrio e o bem-estar dos consulentes e dos Espíritos desequilibrados e doentes (princípio do semelhante curando semelhante) que foram alvo de enfeitiçamentos de mentes malévolas do Além, bem como preserva a integridade do aparelho mediúnico. A catarse produzida na manifestação mediúnica desses irmãos é como se estivessem limpando um duto de ar-condicionado cheio de impurezas, deixando-o livre para movimentar novamente o ar puro e fresco.

Solicitamos maiores detalhes sobre a retenção e condução de Espíritos malévolos e sofredores no Astral Inferior. Como isso se dá?

Essas ações são "corriqueiras" no atual momento planetário. As comunidades que habitam esses charcos trevosos em muito ultrapassaram a tolerância das leis cósmicas e o respeito ao livre-arbítrio dos semelhantes, fazendo com que as falanges benfeitoras de Ogum e Xangô atuem em favor do reajustamento e reequilíbrio de todos os envolvidos. Muitos desses irmãos paralisados no mal estão sumariamente sendo transferidos para outros planetas, submetidos sem apelação a encarnações em corpos físicos grosseiros e condições de vidas desfavoráveis na matéria, mas benignas aos Espíritos que ali estão retidos para sua retomada do trilho evolutivo.

As legiões de Ogum vão na frente, rapidamente imobilizando todos os envolvidos em suas vibrações. Ao mesmo tempo, os falangeiros de Xangô conduzem todos para os locais de detenção provisória existentes no Astral Inferior, que estão em outra frequência vibratória e não podem ser "vistos". A partir de então, se dá o enquadramento de cada um conforme as leis de justiça que imperam no Universo, que é todo amor. Nesses casos, se avalia em primeiro plano o coletivo, para depois serem analisadas as individualidades, ou seja, se uma cidadela comandada por um mago negro é literalmente desfeita, é obvio que houve uma decisão maior que autorizou essa ação, que é justa e está acima dos conceitos de bem e de mal dos homens. Em seguida, os encaminhamentos de cada cidadão se darão dentro dos seus carmas, merecimentos e possíveis intercessões de Espíritos familiares com esse direito. Nada é feito sem que haja justiça.

É chegado o tempo de se fazer luz na egrégora terrestre, e sabedores que somos de que não há pressa no Cosmo, devemos entender que a partir de um determinado tempo se impõe que os "esquecidos" da caminhada evolutiva que a todos catapulta para a ascensão espiritual sejam movimentados, em prol de um amor maior que a todos envolve e que estabelece a harmonia universal.

O que é o afrouxamento da coesão molecular? Os Caboclos de Oxóssi atuam nos corpos físico e etéreo?

As ondas de energia emitidas pela mente do médium apômetra fazem com que os Caboclos curadores de Oxóssi intensifiquem essas frequências, elevando-as e direcionando-as aos órgãos doentes. Há um afrouxamento da coesão molecular da contraparte etérea do tecido que é alvo da cura. Ao mesmo tempo, pode haver uma materialização e desmaterialização de conjuntos de células do corpo físico. As energias fluídicas manipuladas, da mente e do ectoplasma do médium, são usadas em um processo de desintegração atômica das células doentes, havendo imediata reintegração de células sadias na área afetada. Com o magnetismo, afrouxamos os laços que mantêm coesa a estrutura molecular original das células doentes, como se essa massa compactada se expandisse e retornasse ao fluido cósmico universal, já que nada se perde no Cosmo, tudo se transmuta. Para que essas próteses ectoplásmicas façam efeito, devem ser semelhantes ao campo magnético do encarnado. Implantamos etericamente no órgão substituído uma força magnética de retenção. Esse molde que é colocado após o afrouxamento da coesão molecular é favorecido pela força centrípeta do corpo astral do consulente.

Ocorrerá normalmente a reprodução de células sadias sem quaisquer resquícios do morbo anterior, gerando definitivamente tecido recuperado saudável. Contudo, esses são procedimentos mais raros e que se fazem necessários sob pena de haver desencarnes abruptos não previstos. É mais "comum" a repercussão vibratória do corpo etéreo para o vaso físico. Quando moldamos uma nova composição molecular no órgão etéreo enfermiço, normalmente a contrapartida do corpo somático se restabelecerá.

Tudo isso acontece em questão de segundos, e os caboclos de Oxóssi são exímios nesses tipos de curas. Utilizam-se dos silfos, Espíritos da natureza que intensificam rapidamente a frequência vibratória da região espacial visada no éter, sendo esse um dos motivos pelos quais esses "silvícolas" assoviam e dão leve silvo quando movimentam as palmas das mãos rapidamente nos terreiros de Umbanda e nos grupos de Apometria. Nada mais estão fazendo do que alterando a coesão molecular com o auxílio dos Espíritos da natureza ligados ao elemento ar, ao que podem denominar de técnica de dialimetria.

Vovó Maria Conga responde

Como os Pretos Velhos se utilizam positivamente das ressonâncias de vidas passadas para causar alento e bem-estar nos consulentes?

Nem todas as ressonâncias de vidas passadas são negativas. Se um filho se encontra em pânico ante um elevador ou locais altos, sem explicação racional que tenha gerado tal pavor na vida atual, é um sinal claro de interferência de situação traumatizante de outra vida. "Desligamos" as polaridades estimulantes dessas ressonâncias, que não têm nada a ver com apagar a memória, que continua lá, intocável, na galeria do Espírito imortal de cenas e quadros vividos pelos filhos em vidas passadas e que um dia serão expostas na "festa" permanente dos libertos do ciclo da carne e que retornam as suas condições de memória integral. Feito isso, polarizamos uma vivência agradável, positiva, de vidas passadas, de felicidade e alegria, onde antes se jazia um estímulo prejudicial. Tudo isso dentro da faixa de merecimento de cada cidadão, pois há consulentes que não autorizamos essas mexidas magnéticas nas polaridades dos estímulos de memória.

Seriam as chamadas "trocas de painéis?

As trocas de painéis são produzidas quando os médiuns criam mentalmente um cenário agradável que é "fixado" na mente dos filhos atendidos, aliviando-os em seus mal-estares, o que é mais usual. É como se trocássemos uma obra artística exposta em uma parede por outra. A galeria da exposição é a consciência, e sempre que um quadro é deixado de ser exposto ou trocado por outro surge um novo estímulo no lugar do anterior que ressoa na mente consciente. Nem toda troca de painel é decorrente da ressonância de vidas passadas.

E os Exus? Qual a finalidade e as tarefas que executam nos grupos de Apometria?

Dão guarda e cobertura aos trabalhos. Preservam a corrente mediúnica de ataques tenebrosos. "Limpam" os aparelhos ou médiuns dos fluidos pútridos e enfermiços dos locais lamacentos do Astral Inferior; isso quando há necessidade de entrada com médiuns fora do corpo físico nesses locais. São instrumentos de serventia dos Pretos Velhos e Caboclos, como fiéis executores das Leis Cósmicas e de Causa e Efeito. Quando atuam com as falanges de Xangô e Ogum, são muito solicitados no restabelecimento do equilíbrio e da justiça nas áreas em que atuam. Muitas vezes, podem significar o mal para aqueles desviados das Leis Divinas na visão imediatista, temporal, dos filhos, mas isso nada mais é que o efeito de retorno das suas próprias ações, autorizado pelos Espíritos de luz que têm a prerrogativa de estabelecer as sentenças cármicas para cada coletividade e indivíduos que nelas habitam.

Por que o mediunismo na Umbanda se "enquadra" perfeitamente na Apometria, como se fosse uma parte de um todo bem-ordenado?

Um filho se encontra "magiado" e com entidades imantadas ao seu corpo etéreo perturbando-o seriamente. Na sua procura de alento, vai ao encontro de um terreiro de Umbanda. O cacique, diretor espiritual dos trabalhos, "incorporado" em seu aparelho mediúnico, traça grande ponto riscado no centro do templo, à frente do congá; um círculo com uma estrela de Davi na sua área interna. Coloca o consulente em desequilíbrio, sentado, dentro desse círculo. Depois, traça segundo ponto circular com um triângulo equilátero dentro, menor, interceptando o maior, colocando um médium de passagem, igualmente sentado. É dada passagem a um mago negro realizador do enfeitiçamento e feita uma breve conversação pelo Caboclo-chefe com esse Espírito. Todos os médiuns da corrente ficam de mãos dadas, e com o ritual de ponta de fogo, isto é, queima de pólvora, dentro do ponto riscado maior, desmancha-se todo o trabalho de magia negra. Tudo isso acompanhado de pontos cantados em chamamento das falanges para demanda – desmancho – de Ogum e Xangô, que incursionam no Astral Inferior com suas falanges benfeitoras, retendo e conduzindo toda a organização malévola para os tribunais da luz crística existentes nas zonas subcrostais da Terra.

Os filhos podem concluir por esse pequeno exemplo verídico que os fundamentos da Umbanda têm grande similaridade com a Apometria. Realmente é uma parte de um todo ordenado e harmônico em seus princípios magísticos, o que não contraria, de nenhuma maneira, a Apometria em sua ampla aplicação espiritualista e nos seus embasamentos kardequianos, aceitos e respeitados no mediunismo umbandista. Ao contrário, alarga-a em sua aplicação, pois cabem grupos de Apometria em casas de Umbanda e médiuns umbandistas nos grupos de Apometria nas casas universalistas.

Se os filhos não conseguem "enxergar" sozinhos o que acontece nesse atendimento, dentro dos costumes umbandistas nada mais houve do que a criação de campos de força; dissociação dos corpos e desdobramento de médiuns, sintonia com mago negro e bolsão de espíritos sofredores do umbral inferior; manipulação de Espíritos da natureza, salamandras e elemento fogo para desmancho; magia do som com mantras e cânticos, iguais em seus princípios às contagens de pulsos magnéticos; revitalização dos médiuns com a incorporação de Exus, ao término dos trabalhos; e cura com falanges de Oxóssi, por meio das recomposições astrais, o que os filhos chamam de dialimetria, de uma enormidade de Espíritos sofredores que eram mantidos encarcerados nos porões da organização trevosa desmanchada.

Ocorre que na Umbanda, em vez de ser tudo mental para plasmar no éter/astral, como é na Apometria, é comum a utilização de catalisadores no plano físico, pontos riscados e cantados, em vez das contagens de pulsos magnéticos com criações de campos de força piramidais e cilíndricos. Esses condensadores nada mais são que referências materializadas para fixação mental. No final, dá a mesma coisa, pois a energia zôo e o magnetismo animal são utilizados da mesma forma. Eis que na Umbanda se tem uma referência na forma materializada que dá uma sustentação maior para a criação de egrégoras e formas-pensamento grupais, mas que são perfeitamente geradas nos grupos de Apometria pela educação mental e dilatação psíquica dos sensitivos, que têm enorme capacidade de abstração.

Salve, Vovó Joaquina, Preta Velha iluminada que muito se esforçou e ainda labuta no Astral Superior da Umbanda para o nascimento e consolidação da Apometria na Terra, nos moldes universalistas e crísticos com que essa técnica abençoada está programada! É chegado o momento para elucidações maiores quanto à "acomodação" da Apometria nos fundamentos magísticos da Umbanda.

A Umbanda tem uma missão com a Apometria?
A missão da Umbanda com a Apometria é resgatar o alento curativo tão bem exemplificado na personificação de Jesus e Francisco de Assis na Terra, que colocavam a caridade acima das diferenças dos homens, em prol de um amor igualitário a todos, atendendo diretamente os enfermos sem distinções.

Sendo um dos pontos que mais as igualam não deixarem obsessores à solta, a Umbanda tem como tarefa precípua, juntamente com a Apometria, penetrar nos antros de magia negra, buscar os Espíritos maldosos que já passaram dos limites possíveis do exercício do seu livre-arbítrio individual em total desrespeito ao do próximo, seus merecimentos e carmas, retendo-os e desmanchando essas organizações do mal.

A justiça cósmica está acima dos limitados julgamentos dos homens do que seja o bem e o mal, e é nessa faixa crística, autorizada pelos tribunais divinos, que as falanges benfeitoras de Umbanda atuam, apoiando os grupos de Apometria neste momento evolutivo do planeta Terra.

Observações do médium

No livro *Samadhi*, Ramatís nos esclarece quanto a essas relações no capítulo "Orixás, corpos e chacras", como segue:

> O corpo átmico, que reveste a ulterior centelha divina ou mônada, eu cósmico ou Espírito puro, elo imprescindível e fundamental que orienta e determina todos os outros corpos de manifestação na forma, está em posição vibrada correspondente ao princípio regulador de

Oxalá, que é a Luz do Senhor, e provém diretamente do Incriado, do Pai. É a própria energia do Espírito e da vibração crística. Essa elevada frequência vibratória acompanha os movimentos transmigratórios de um orbe para outro no Cosmo. O chacra coronário recebe essas influências, pois é o centro de forças com maior potencialidade radioativa do homem, sendo estupenda ponte de ligação com o Alto, a própria sede da consciência do Espírito. As entidades espirituais que atuam nessa onda vibracional são os mentores responsáveis pelos desígnios gerais pela higienização da aura planetária, mantendo os movimentos de transmigração, com tempestades e varreduras energéticas astralinas, da mudança das faixas de frequência do eixo planetário e da condição de vida de todas as comunidades na psicosfera terrícola.

O amor e a sabedoria do corpo búdico, o pensamento criador, a força da individualidade, da moral e da intuição, estão vibratoriamente associados às energias de Iemanjá, Orixá que atua em toda a natureza simbolizado na percepção intuitiva aguçada do feminino. Atua na cosmogênese por meio das energias criadoras, fecundativas e de gestação. Incide diretamente no chacra frontal, conferindo, quando esse centro é desenvolvido, a clarividência da natureza astral e dos seus cenários coloridos. No campo da magia, refere-se ao apoio mantenedor da Terra pelo magnetismo lunar, princípio energético feminino que equilibra as marés e os grandes movimentos oceânicos.

Veículo de manifestação do intelecto e do pensamento abstrato, o corpo mental superior é a inteligência que modela a estrutura dos demais corpos, e igualmente o Orixá Yori rege a manifestação do Espírito na forma que lhe é devida desde os planos crísticos de Oxalá e Iemanjá. Assim, o chacra laríngeo é o seu correspondente, pois esse vórtice energético também recebe cooperação dos chacras coronário e frontal mais diretamente que os demais. A materialização das ideias pelo verbo articulado sonoramente exige a manipulação de quase todas as forças etéreo-magnéticas do corpo astral. Os Espíritos magistas dessa vibração apresentam os seus corpos astrais configurados no formato de inocentes crianças e neutralizam quaisquer energias dos elementos etéreos provindos da terra, água, do ar ou fogo.

Os pensamentos mais simples e concretos são do corpo mental inferior; e Xangô, Orixá da justiça que impera no Cosmo, é a sua posição vibrada, sendo a Lei do Carma a disciplinadora que equilibra a ação e reação, a causa e o efeito. Liberta as consciências em evolução, disciplinando-as sob a justa aplicação da Lei. O chacra cardíaco está mais ligado em termos vibracionais com esse Orixá e corpo, pois é o centro de força do equilíbrio, qual precisa balança que mede as emoções e os sentimentos dos homens. Os irmãos espirituais que atuam com essas vibrações corrigem os erros e desacertos, julgando e fazendo justiça nos entrelaçamentos reencarnatórios traçados pelos Mestres Cármicos.

O corpo astral ou perispirítico é o mediador plástico de manifestação do Espírito no corpo físico e no etéreo e está relacionado com as emoções. O agni dos hindus ou Ogum é o orixá das demandas, das aflições e lutas. Há um combate na evolução das criaturas no Cosmo, pois se impõem diante da Lei de Causalidade os desmandos e sofrimentos que amadurecem as consciências e libertam do jugo carnal, no longo caminho ascensional de volta ao seio amoroso do Pai. Leva inexoravelmente aos tribunais divinos aqueles que se fazem faltosos com as Leis Divinas. O chacra umbilical, por ser o centro de forças etéreas que faz o homem perceber as emanações adversas e afetivas que habitam os ambientes em que atua, está relacionado com as "aflições" de Ogum. Os Espíritos que se movimentam sob a égide de Ogum são os "guerreiros" que bravamente combatem nos charcos pegajosos da subcrosta terrestre, e junto com os irmãos Pretos Velhos e silvícolas das demais linhas vibratórias ou Orixás são a linha de frente que dá sustentação aos labores medianímicos desobsessivos da crosta planetária, principalmente quando há resgates e transportes coletivos de entidades sofredoras e malévolas escravizadas e torturadas pelos magos negros e suas organizações trevosas. Isso ocorre independentemente da nomenclatura terrena das agremiações espíritas ou espiritualistas com as quais colaboram.

A intermediação entre o corpo astral e o físico se dá pelo corpo etéreo, que tem função vitalizadora e é responsável pelo metabolismo do ectoplasma e do complexo fisiológico do homem. O Orixá Oxóssi é a vibração que interfere nos males físicos e psíquicos. Regula as energias eólicas e os elementos expansivos da natureza. Nesse caso, o chacra esplênico é o que tem maior intimidade com o corpo etéreo, pela sua função vitalizadora do organismo e por regular a "entrada" do prana que paira no ar terrestre. Os silvícolas e Caboclos que atuam na magia de Oxóssi manipulam as energias do ar, das plantas e ervas, adicionadas ao ectoplasma vitalizado dos seres e médiuns encarnados, com a precípua finalidade de cura.

O corpo físico é o veículo mais denso de manifestação do Espírito imortal na matéria. Yorimá, o Orixá das forças e energias telúricas, tem a vibração cósmica no elemento terra e com o éter mais densificado das regiões umbralinas. O chacra básico é o responsável pelas energias da Terra e pelo fogo kundalíneo, ativando as energias inferiores e instintivas próprias dos homens animalizados. Essas energias foram muito utilizadas pelos magos negros da Atlântida, Caldeia e Egito, que desviaram os conhecimentos da *Aumbandhã* para o malefício e para a feitiçaria. Desde aquela remota época, querem ter o controle da humanidade e intimidar a subida angélica dos homens. Os Pretos Velhos são exímios manipuladores desses fluidos densos, necessários aos desmanchos e às varreduras energéticas realizadas com a proteção de Orixalá, do Cristo planetário.

13
Histórico e objetivos do grupo*

Características dos trabalhos

O grupo deve ser composto por médiuns experientes, maduros, de mente aberta e de grande propensão ao universalismo. É sua característica principal o congraçamento e ecumenismo mediúnico. Não existe um modelo rígido na Espiritualidade, e a união no amor crístico e a solidariedade são os combustíveis que a move em seus ideais de caridade e altruísmo desinteressado. O Plano Espiritual viceja a nossa volta. Nesse aspecto, a Umbanda, por sua egrégora universalista e em constante evolução, abarca e abriga em seu colo todos os anseios espirituais do grupo, e com o exercício mediúnico continuado daqueles que lhes são simpáticos oportuniza novos conhecimentos e burilamento do Eu superior.

---

* O descritivo dos trabalhos e os relatos de caso a seguir foram feitos na época em que o autor era médium trabalhador do Grupo Xangô – Casa do Jardim.

As falanges espirituais dessa egrégora, regidas pelas vibrações dos Orixás, por intermédio dos Guias e Protetores, Pretos Velhos, Caboclos, Crianças e Exus, que dão cobertura e sustentação aos trabalhos realizados, são coordenadas pela Alta Confraria do Astral Superior por um Conselho de cinco mestres orientais e que raramente se manifestam apropriando-se de configurações astrais, ou seja, atuam com mais desenvoltura sem a roupagem perispirítica, ou por intermédio dos corpos mental superior e búdico.

A ativação do campo de trabalho é uma espécie de rebaixamento vibratório que provém do Conselho de Mestres, que está localizado na Metrópole do Grande Coração, cidade astralina que coordena as atividades e serve de elo entre o grupo e o Plano Astral. Existe uma ala dentro do hospital do Grande Coração que transforma as energias, compactando-as pouco a pouco, chegando a um ponto em que faz uma ponte vibratória entre as diversas frequências e dimensões envolvidas nos trabalhos.

A técnica apométrica é importante por sua efetiva diagnose espiritual e nos tratamentos das etiologias mais recalcitrantes, notadamente as que envolvem transtornos anímicos auto-obsessivos com ressonância de encarnações anteriores. Em especial, as que se tornam processos obsessivos com rituais de magia negra, seja por vibrarem ainda no complexo físico/etéreo/astral do consulente por iniciações realizadas na vida pregressa do Espírito, ou por intensas induções magnéticas dos magos negros desencarnados na vida presente. Em ambos os casos, com sérias repercussões vibratórias e somatizações letais.

Roteiro dos atendimentos

A abertura dos trabalhos é realizada com preces e pontos cantados. Invocam-se os Guias e Protetores e estabelece-se a ambientação adequada para início dos atendimentos de caridade. Após a ativação do campo de trabalho, o dirigente encarnado procede a um exercício de relaxamento, abrindo as consciências para as vibrações do Plano Espiritual que se farão atuantes. É importante salientar que todos esses procedimentos ocorrem simultaneamente aos pontos cantados, posições vibradas que, pela magia do som e seus mantras, levam-nos a um outro estado de percepção anímico- mediúnica O consulente fica sentado no círculo de médiuns. Geralmente procede-se à limpeza astral dos corpos energéticos, principalmente o etéreo que vem acompanhado da necessidade de alinhamento e harmonização dos chacras. Coloca-se o consulente em desdobramento astral pela técnica apométrica e procede-se à abertura dos campos de energias que envolvem os corpos sutis.

A partir de então, inicia-se a movimentação das falanges espirituais e, conforme o andamento do atendimento, vai-se "puxando" os pontos cantados das vibrações dos Orixás que estão regendo os trabalhos. Isso ocorre de forma muito rápida, pois acontece de entrarmos concomitantemente em mais de uma faixa de trabalho, em equações de espaço-tempo diferentes, dependendo do diagnóstico realizado, dos "nós" de vidas passadas que repercutem e somatizam na vida presente, ressonâncias tormentosas de vidas passadas e possíveis transtornos obsessivos que terão de ser "desatados".

Pode haver desde o encaminhamento de um Espírito sofredor que se faz presente em um dos campos do paciente até remoções de comunidades do umbral inferior perdidas no tempo, caracterizando bolsões de Espíritos dementados. Nos casos mais graves, procede-se ainda aos desmanchos e à desativação de magias negras: amuletos, despachos, bases, em que os chefes de falanges, Guias e Protetores, autorizam a atuação dos Exus que dão cobertura aos trabalhos. Nesses casos, movimentam-se as "tropas de choque", somente se o consulente tem merecimento e seu livre-arbítrio está sendo desrespeitado, impondo-se novamente o restabelecimento do equilíbrio que é seu de direito.

Diagnóstico, técnicas e procedimentos

O diagnóstico espiritual é fundamentado na percepção mediúnica. Decorre da compreensão de todo o atendimento, das percepções individuais de cada médium e das manifestações das entidades que se fizeram presentes "incorporadas". De posse dos dados do paciente, de sua história clínica e das queixas, estabelece-se a sintonia do corpo mediúnico com a problemática em questão, abrindo o canal para atuação do Plano Espiritual. É por esse campo associado, da energia zôo – tipo de ectoplasma – dos aparelhos mediúnicos, da energia cósmica e de todos os registros que estão demarcados no corpo astral e mental do consulente, que os Guias e Protetores atuam. São retirados da história espiritual os "nós" que estão favorecendo o encadeamento das situações de desequilíbrio na vida presente e que estão arquivados na memória perene e milenar do Espírito imortal.

As técnicas e os procedimentos utilizados têm como parâmetro a Apometria e as orientações dos amigos espirituais que dão assistência aos trabalhos e buscam a resolução das situações apontadas pelo diagnóstico espiritual.

As orientações ao paciente são mediúnicas, uma vez que a conclusão do atendimento depende da movimentação e manifestação dos Guias e Protetores. Cabe ao grupo, dentro das especificidades de percepção mediúnica de cada elo da corrente, desde a irradiação intuitiva até a mecânica de incorporação, repassar as orientações que devem ser colocadas em prática pelos consulentes e anotadas na sua história espiritual para uso interno, visto que é de bom alvitre que não se abra as informações de sua vida pregressa.

14
Relato de casos

Consulente: CLF, 37 anos,
sexo feminino, solteira, católica

História clínica

Depressão intensa, emagrecimento galopante, tendo perdido 12 quilos em 50 dias, sentindo-se sugada, sem energia para reagir diante das dificuldades da vida. Pensamentos suicidas recorrentes, parecendo estar amarrada em algo que a quer levar para uma viagem sem volta. Perturbação generalizada, dificultando os relacionamentos e a concatenação das ideias. Apresenta-se em estado de abatimento geral e de aparência muito cansada, desfalecida, quase que no seu último fio de vida. Faz psicoterapia, mas não está encontrando soluções para os seus problemas. Procura desesperadamente um socorro de cunho espiritual. Diz não apresentar sensibilidade mediúnica para trabalhar. Já procurou tratamento em centro espírita tradicional, há algum tempo, mas diz que não a auxiliou.

Diagnóstico

Após abertura dos corpos sutis, verificou-se desorganização vibratória e energética no chacra laríngeo. Apresenta entidade parasita de baixíssima vibração, deformada, fixada em seu corpo etéreo, sugando-lhe com sofreguidão os fluidos vitais. Mostra-se aos videntes enterrada até os joelhos em lodaçal. O chacra básico está em total desalinho, e as "chamas" do *Kundalini* sobem por sua espinha vertebral.

Atendimento, técnicas e procedimentos

Manifestação de um dos Exus, entidades que dão cobertura aos trabalhos mais densos, pela incorporação em um dos médiuns, "limpando" os campos energéticos da consulente e removendo o Espírito sofredor que estava imantado. Em seguida, Pretas Velhas comandam a regularização e a reativação do chacra básico e a normalização do *kundalini*. Entidades do Oriente, médicos hindus, atuam no corpo mental, refazendo a rede elétrica das sinapses nervosas, que se apresentam com falhas, espécie de curtos-circuitos.

Foi marcado um segundo atendimento 30 dias após, quando os Exus concluíram o corte vibratório com bolsão de Espíritos sofredores, havendo a total remoção desses irmãos sofredores das regiões lamacentas do umbral inferior, tendo sido conduzidos por falange de Caboclos de justiça do Orixá Xangô para os locais do Astral que terão os devidos socorro e refazimento. Todo o trabalho, nas duas etapas, teve cobertura e comando dos Pretos Velhos do Congo, antigo Oriente.

Orientação

Leituras de cunho moral elevado, Evangelho e outras. Fitoterápicos para depressão, ansiedade e perda de sais minerais. Caminhadas junto à natureza e consulta a um médico endocrinologista terreno. Continuar com a psicoterapia.

Conclusão e histórico espiritual

Quadro típico de transtorno anímico auto-obsessivo com ressonância de vidas passadas, sintonizando com bolsão de Espíritos sofredores, ligando-se à comunidade do umbral inferior, de Espíritos dementados e perdidos no passado, com grandes desregramentos no campo sexual. Em vidas passadas, foi atraente cigana, tendo muitos homens a seus pés. Nesta vida atual, morando só e sem companheiro, sem a beleza hipnotizante de outros tempos, atavicamente interessou-se por dança do ventre, entrando em curso para aprendizado. Vê-se despertada em seu inconsciente toda a sexualidade de outrora, sintonizando com Espíritos em mesma faixa sintônica, o que, por ressonância com esses antros de perdição sexual, ocasionou repercussão vibratória e somática, sobrevindo a situação de desequilíbrio. Livrando-a dessa imantação, teve condições por esforço próprio de equilibrar-se, o que não vinha conseguindo nos apoios espirituais "convencionais" que já havia procurado.

Em revisão feita, a paciente se encontra quase recuperada do seu peso normal, sem depressão, dormindo bem e retornou à vida normal. Abandonou a dança do ventre, retomando as palestras e os passes magnéticos no centro espírita que há muito tinha deixado de frequentar.

Consulente: MCRM, 47 anos, sexo feminino, casada, universitária

História clínica

Dores intensas nas costas e na parte de baixo da barriga, especificamente no ventre próximo à região pélvica. Infecção renal crônica há mais de 20 anos, sem explicação e cura pela medicina convencional. Alega estar com sobrecarga emocional, com os nervos à flor da pele. Não consegue dormir direito há vários dias, situação que a está deixando completamente esgotada. Estando na menopausa, embora mantenha o tratamento fármaco convencional de reposição hormonal com acompanhamento do seu ginecologista, percebe uma espécie de tensão pré-menstrual permanente, como se fosse explodir a qualquer momento. Apresenta sensibilidade mediúnica, trabalhando no passe numa casa universalista. Já teve atendimento anterior de Apometria na cidade em que reside, o que lhe causou grande alento, alívio e bem-estar, mas é a primeira vez que é atendida por um grupo de Umbanda e Apometria. Diz ainda que se interessa sempre em aumentar seus conhecimentos, mas que se sente perdida, sem rumo.

Diagnóstico, atendimento, técnicas e procedimentos

Induzido o desdobramento da consulente, manifesta-se em um dos médiuns do grupo uma entidade protetora, cigana, que dá cobertura aos trabalhos do grupo, transmutando o campo energético da atendida no sentido de regularização do desequilíbrio nos seus chacras esplênico e básico, que repercutem negativamente no físico por meio dos órgãos etéreos, rins e baço, ocasionando a infecção e as dores crônicas sem explicação racional. Concomitantemente, em outro médium, faz-se movimentar um dos Exus comandados por um Guia Preto Velho, deslocando-se até a residência dela, removendo uma comunidade de Espíritos sofredores, todos comprometidos com a magia cigana no campo sexual.

Após essas manifestações, um Caboclo de Xangô conduz os trabalhos e coloca a consulente em transe mediúnico com o apoio de passes magnéticos e pontos cantados, ajudando na incorporação um Preto Velho, seguido de um Caboclo. São o Guia e o Protetor de MCRM que se apresentam para socorrerem-na, já que eles têm comprometimento de auxílio e que finalmente encontram uma oportunidade vibratória para "chegarem". O dirigente encarnado do grupo procede a despolarização de estímulo de memória com os comandos magnéticos apropriados para alívio do transtorno da consulente, "cortando" o fulcro desequilibrante ressonante inconscientemente com situação negativa do passado.

Orientação

Educação mediúnica na Umbanda. Disciplinar e aprender a trabalhar com os seus mentores, ancestrais, que têm comprometimento de auxiliá-la. Leituras de cunho moral elevado, Evangelho e outras.

Conclusão e histórico espiritual

Paciente apresenta mediunidade reprimida e não educada há mais de 20 anos, tendo comprometimento cármico de prestar caridade na egrégora de Umbanda. Foi sensibilizada astralmente antes de reencarnar para ser médium de cura, servir de aparelho mediúnico para um Guia Preto Velho e um Caboclo de Oxóssi. Como essa energia curativa, própria do seu metabolismo físico, etéreo e astral, não está corretamente canalizada, apresenta doença crônica sem explicação há duas décadas.

Há acentuada ressonância de vidas passadas que a desequilibra vibratoriamente; foi feiticeira cigana em existência de outrora, muito se utilizando da magia no campo sexual para separar casais, arrumar namorados e ganhar a vida. Estava em simbiose fluídica com um mago negro cigano, que se aproveitando da ligação da consulente com o passado remoto, por sintonia, beneficia-se dessa situação há vários anos, sendo que a quer como médium deseducada, tendo estabelecido sua "moradia" na contraparte etérea da residência da atendida, que, por sua vez, presta serviços remunerados de massoterapia e bioenergia na sua casa, o que abriu estrada fértil para o Astral Inferior se estabelecer.

Fomos informados posteriormente que a paciente estava bem melhor, mais calma, conseguindo dormir e que encontrou um centro de Umbanda para frequentar na sua cidade.

Consulente: ORS, 35 anos, sexo feminino, casada, católica

História clínica

Depressão intensa, severa e ininterrupta. Está fazendo tratamento com medicamentos e com médico psiquiatra. Constantes crises de choros compulsivos, seguidos de um terror incontrolável pelo marido, como se ele fosse matá-la a qualquer momento. Concomitante a esse quadro tormentoso, o esposo não acredita em seus relatos, chamando-a de mimada e insegura, dizendo que não confia nela, o que a sufoca terrivelmente. Considera que se algo não acontecer em seu favor, enlouquecerá. Pede socorro.

Diagnóstico, atendimento, técnicas e procedimentos

Após desdobramento apométrico conduzido em pausada contagem de pulsos magnéticos pelo dirigente encarnado, um médium do grupo vivencia, como se desse passagem para a manifestação de um Espírito sofredor, mas na verdade sendo um trauma que está ressonando no inconsciente da consulente, uma catarse anímica. Em situação de extremo desespero, fraqueza e desnutrição, se "vê" como se fosse uma moribunda presa numa torre de um castelo medieval, onde foi torturada pelo atual companheiro, que naquele passado remoto também era seu marido, pelas inúmeras traições sexuais que cometeu com os guardas do palácio durante as viagens guerreiras do rei. Ao mesmo tempo, dois outros médiuns manifestam outros Espíritos, agora desencarnados, em faixa sintônica símile com o fulcro ressonante de vida passada, traumático, da consulente que está sendo atendida. Assim, sucessivamente, como se fossem camadas de uma cebola em volta do núcleo desequilibrante que vibra do inconsciente da atendida, vários Espíritos dementados do umbral inferior "colaram" no seu campo energético, todos torturados até a morte sofrendo as agruras do Além-túmulo, formando um bolsão de Espíritos sofredores que intensificam o quadro mórbido da consulente a ponto de quase enlouquecê-la completamente.

Após o atendimento socorrista a todos os sofredores, saciada a sede e a fome, banho renovador com água de cachoeira, roupa nova, cortados unhas e cabelos, recomposição de membros esfacelados e esclarecimento fraterno para o amparo harmonioso de todos, o dirigente realizou uma despolarização do estímulo de memória da consulente, liberando a todos desse quadro de imantação deletéria. Logo em seguida, fixou, em processo contrário, espécie de polarização, um painel vivo qual "set" cinematográfico que apresenta um cenário de felicidade conjugal, em que a nossa atendida está alegre, numa casa à beira do campo com belo jardim, casada e com filhos. Esse estágio final, feliz, foi levado a efeito pela técnica apométrica adequada com o apoio de pontos cantados por todo o grupo, de Mamãe Oxum e Iemanjá, visando potencializar o instinto maternal, de amor ao lar.

Orientação

Educação evangélica do casal. Frequentar passes magnéticos com regularidade, assistir palestras e leitura de cunho moral elevado. A prática do amor deve ser uma busca constante e, nesse exercício, o perdão e a compreensão dos defeitos de cada um, em especial do casal, são fundamentais.

Conclusão e histórico espiritual

Desafetos do passado voltam novamente casados na encarnação presente. O esposo, que assistiu todo o atendimento apométrico, trabalhando numa área que lhe exige viagens constantes, desconfia da mulher, num ciúme doentio e sem explicação, acusando-a seguidamente de vestir-se bem, de estar muito perfumada e exigindo que ela não saia de casa na sua ausência. Ela, por sua vez, se encontrando em mesma idade cronológica da situação tormentosa do passado, e vivenciando situação semelhante no presente, que muito a traumatizou outrora, intensifica ressonância de vida passada, que vibra cada vez mais do seu inconsciente milenar, a ponto de estabelecer sintonia com bolsão de Espíritos sofredores que, efetivamente, poderia levar ao desmantelo da casa mental, ao ápice de alheamento total da realidade, recolhendo-se o consciente da vida atual, como se tivesse preso no quarto do castelo medieval durante o desencarne traumatizante de antigamente.

A memória perene pulsa, única. Embora troquemos o envoltório, seguidamente mudando o cérebro físico, como se alterássemos os disquetes para gravar um grande arquivo, a programação das nossas vidas segue o conteúdo integral do Espírito imortal. Indubitavelmente, não haveria sentido nas vidas sucessivas, para a nossa evolução, se assim não fosse.

Em atendimento de revisão, ORS e o esposo se encontravam sorridentes, felizes e planejavam o próximo filho.

Sugestões de leitura

DROUOT, Patrick. *Nós somos todos imortais*. Rio de Janeiro: Record, 1995.

FERAUDY, Roger. *Baratzil – a terra das estrelas*. Limeira-SP: Editora do Conhecimento, 2008.

_____. *Serões do Pai Velho*. São Paulo: Editora Hércules, 1996.

GOMES, Edson. *Mandinga:* ninguém foge das suas escolhas. Rio de Janeiro: Coma Livros, 2013.

PASTORINO, Carlos Torres. *Técnica da mediunidade*. 2. ed. Rio de Janeiro: Editora Sabedoria, 1973.

RAMATÍS (Espírito). *Samadhi*. Psicografado por Norberto Peixoto. Limeira-SP: Editora do Conhecimento, 2005.

_____. *Magia de redenção*. Psicografado por Hercílio Maes. Limeira-SP: Editora do Conhecimento, 1967.

VOLLAND, Hans (ed.). *Handbook of Atmospheric Electrodynamies*. Boca Raton: CRC Press, 1995. v. 1.

LEIA TAMBÉM

Jardim dos Orixás faz parte da Trilogia Apometria e Umbanda.

Leia a seguir um trecho do preâmbulo de Ramatís que nos conta um pouco sobre o livro:

Com este livro denominado Jardim dos Orixás, almejamos contribuir para um maior entendimento quanto a certos instrumentos utilizados pela magia das sombras, que a Umbanda e a Apometria se ocupam em neutralizar, bem como de alguns processos e recursos de que ambas se utilizam na libertação e na cura. A manipulação maléfica, pela magia negra, dos corpos sutis que envolvem a centelha espiritual na sua longa caminhada rumo ao Pai retarda a sua liberação no percurso desse reencontro divino. É como se cascas grosseiras fossem cristalizadas, impedindo momentaneamente a degustação do sumo da saborosa fruta celestial destinada à reinserção na unidade no Criador, sem perda da individualidade espiritual merecidamente conquistada.

Os três corpos inferiores do homem – físico, etéreo e astral – são os alvos dos ataques psíquicos das sombras, levados a efeito pelos rituais de magia negra das organizações do umbral inferior. O duplo etéreo, mediador entre os corpos físico e astral, é como se fosse um tipo de amálgama entre essas duas dimensões vibratórias, denso de energia animal não materializada, verdadeiramente uma cópia eterizada do corpo físico. Por suas emanações fluídicas, quanto mais grosseiro, tanto mais importante como condensador energético para os interesses nefastos que podem ser satisfeitos pela posse desse veículo transitório. Ele não se desintegra imediatamente no post mortem, após o desenlace do corpo astral, obtendo espécie de "sobrevida" quando manipulado pelas hábeis e maldosas mãos dos magos negros e suas falanges trevosas.

A Apometria, como instrumento burilador de suas capacidades psíquicas e avalizadora das experiências extracorpóreas, se fundamenta na participação ativa dos sensitivos com o plano astral. Muitos de vocês ainda não estão preparados para esse enfoque libertador. Para os homens que esperam passivamente que os espíritos santificados façam tudo por eles e não conseguem buscar Deus dentro de si sem a "bênção" de um sacerdote, padre, pastor, venerável mestre, chefe de terreiro ou exímio doutrinador, inseridos e dependentes de templos, igrejas, lojas, terreiros ou centros materializados na Terra, para se religarem com o Pai, é por demais "ousada" a proposta universalista da Apometria. Na sua busca ativa de socorro às criaturas, reativa a potencialidade cósmica de cada uma, como se fossem iogues do Terceiro Milênio, de mãos dadas, trabalhando em prol do despertamento do Cristo interno de cada pessoa, acima das nomenclaturas, divisões e veleidades humanas.

Devido a essa postura ativa habitual, gradativamente o nível de consciência coletivo irá se ampliando, cada vez mais se tornando perceptível a vocês, que, em grande parte, o arrazoado costumeiro dos intelectuais eruditos, ao tratarem das coisas espirituais, não é acompanhado da experiência mística interna. Sendo assim, discernirão como se estabelecem as inseguranças pessoais e as instabilidades nessas almas, que precisam se amparar atrás das opiniões concludentes e dogmáticas das doutrinas exclusivistas. Suas mentes, acostumadas às observações exteriores, não têm referência própria no vasto campo interior do psiquismo. Vulgarmente, são aqueles seres que nunca sentiram um "arrepio" dos espíritos do lado de cá, mas estão a dar palestras ou a dirigir agrupamentos mediúnicos. Não que "sentir" os espíritos desencarnados seja pré-requisito essencial para essas tarefas elevadas, pois em muitos homens sem interesse pessoal se instala a intuição superior, que é de inestimável valor iluminativo.

Todavia, no fundo da alma de muitos cidadãos, não importam as percepções extrafísicas e os arroubos intuitivos da espiritualidade, pois sentem-se superiores, numa posição de falsa modéstia, crendo que tudo sabem do Além por seu intelectualismo exacerbado. Preferem, no lugar das cansativas, solitárias e silenciosas experiências psíquicas internas, as ruidosas aparências externas acompanhadas por plateias atentas, estimuladoras do reconhecimento elogioso que atiça vaidades dissimuladas, quando não fornecem consulentes para seus consultórios improvisados regiamente remunerados.

A expansão da consciência não dá saltos. O inconsciente milenar confunde os comportamentos de vocês, prejudicando, muitas vezes, seu discernimento. Como num iceberg cuja maior parcela está oculta pelo oceano, a parte visível desse bloco de gelo é sua consciência atual, e a gigantesca porção submersa é seu inconsciente, afundado nas experiências contraditórias e imorais do passado remoto. Com regularidade, acontece de esse iceberg enorme mover-se na direção contrária à do vento consciencial da superfície, uma vez que as profundas correntes marítimas da mente espiritual oceânica são mais fortes e o levam atavicamente em outra direção.

Por trás da realidade que se expressa no universo de seus sentidos, há uma unidade subjacente que lhes tange qual iceberg submerso no oceano cósmico, incentivando suas potencialidades divinas ainda latentes. O conjunto da vida e das formas não passa de pequenas expressões de uma realidade maior, que não está ligada diretamente com nenhuma das religiões, filosofias ou doutrinas da Terra, e sim com todas ao mesmo tempo, pela fragmentação transitória desse Todo: "Tendo criado o Universo com um fragmento de Mim mesmo, Eu permaneço indiviso", afirma a deidade no Bhagavad Gita.

O Jardim dos Orixás almeja demonstrar a justiça das leis cósmicas, em que a semeadura é livre, mas a colheita é obrigatória no terreno do espírito, que deve ser arduamente arado para o embelezamento do jardim da vida imortal. O ciclo das reencarnações entre o plano físico e o astral é abençoado educandário das consciências, em que a Umbanda conforta e instrui com sua simplicidade e sabedoria milenar, trazendo as curas e o alento por intermédio da magia dos Orixás nos grupos de Apometria – como no relato de casos reais atendidos. Enfim, nas ativas experiências extracorpóreas, a evolução das capacidades psíquicas dos sensitivos é propiciada pela aplicação dos procedimentos apométricos nas atividades de socorro.

Entretanto, a tendência dos homens, pelo esforço de estudo e pela aplicação contínua nos trabalhos que lidam com os planos ocultos, que por sua vez exigem muita concentração e disciplina, é de aos poucos irem sentindo-se superiores aos demais mortais. A inflação do ego significa que muito em breve o desajuste espiritual se instalará, pelo crescimento da erva daninha do menosprezo arrogante aos irmãos de outras sendas não tão esclarecidos. Combatei suas recônditas disposições de superioridade intelectual com a humildade para servir, seguindo o exemplo de Jesus, Francisco de Assis, Mahatma Gandhi, Zélio Fernandino de Moraes, Francisco Cândido Xavier, entre tantos outros iluminados.